INTRODUCING CULTURAL STUDIES: A GRAPHIC GUIDE by
ZIAUDDIN SARDAR AND ILLUSTRATIONS BY BORIN VAN LOON
Text copyright ©2012 Icon Books Ltd, Illustrations copyright ©2012 Icon Books Ltd

This edition arranged with Icon Books c/o The Marsh Agency Ltd
through BIG APPLE AGENCY, INC., LABUAN, MALAYSIA.
Simplified Chinese edition copyright:
2024 SDX JOINT PUBLISHING CO. LTD.
All rights reserved.

文化研究

Introducing Cultural Studies

[英]齐亚丁·萨达尔（Ziauddin Sardar）/ 文
[英]波林·凡·路恩（Borin Van Loon）/ 图
栾志超 / 译

Simplified Chinese Copyright © 2024 by SDX Joint Publishing Company.
All Rights Reserved.
本作品简体中文版权由生活·读书·新知三联书店所有。
未经许可,不得翻印。

图书在版编目(CIP)数据

文化研究 / (英)齐亚丁·萨达尔文;(英)波林·凡·路恩图;栾志超译. -- 北京:生活·读书·新知三联书店, 2024.7. -- (图画通识丛书). -- ISBN 978-7-108-07863-6

Ⅰ.G0

中国国家版本馆 CIP 数据核字第 2024H4L199 号

责任编辑	周玖龄	
装帧设计	张 红 康 健 李 思	
责任校对	陈 格	
责任印制	李思佳	
出版发行	生活·讀書·新知 三联书店	
	(北京市东城区美术馆东街22号 100010)	
网 址	www.sdxjpc.com	
图 字	01-2022-3662	
经 销	新华书店	
印 刷	北京隆昌伟业印刷有限公司	
版 次	2024年7月北京第1版	
	2024年7月北京第1次印刷	
开 本	787毫米×1092毫米 1/32 印张 5.75	
字 数	50千字 图171幅	
印 数	0,001-5,000册	
定 价	39.00元	

(印装查询:01064002715;邮购查询:01084010542)

目录

001 何为文化研究?
002 何为文化?
004 何为文化研究的主题?
007 文化研究的特质
008 如何开展文化研究：符号学
010 符号、编码和文本
011 表征他者
012 话语分析
013 解码印度餐厅
022 文化研究的起源
023 开山鼻祖
025 理查德·霍加特
026 工人阶级生活真实写照
027 雷蒙·威廉斯
029 E. P. 汤普森：理解阶级
030 铭记历史
033 斯图亚特·霍尔

034 知识实践
035 文化至关重要
037 英国文化研究
038 文化研究的国际主义
039 拓宽议题
042 阿尔都塞的结构主义
046 安东尼奥·葛兰西的影响
047 霸权
049 知识分子
050 对英国文化研究的批评
054 文化研究的转移
055 美国文化研究
059 加拿大文化研究
061 澳大利亚文化研究
064 法国文化研究
069 皮埃尔·布尔迪厄
072 南亚文化研究

- 074 发展中社会研究中心
- 076 CCS 或 Teen Murti
- 077 属下研究小组
- 080 甘地的影响
- 081 英语的地位
- 082 阿希斯·南迪
- 084 东方的刻板形象
- 085 可渗透的自我
- 086 非玩家与未来
- 087 解决方案是什么?
- 088 科学文化研究
- 092 范式转换
- 096 科学捍卫……
- 097 ……科学解/建构
- 098 技术文化理论
- 102 哈拉维的赛博格
- 104 东方学
- 108 东方学的先驱
- 110 对萨义德的批评
- 113 后殖民话语
- 114 佳亚特里·查克拉沃蒂·斯皮瓦克
- 116 霍米·巴巴
- 119 萨拉·苏莱里
- 120 种族与身份
- 121 多元文化主义及其批判者
- 124 康奈尔·韦斯特
- 126 贝尔·胡克斯
- 128 小亨利·路易斯·盖茨
- 131 离散
- 132 离散空间
- 134 黑色大西洋
- 136 女人和性别
- 138 女人有异议
- 144 酷儿理论
- 146 同性恋的表征
- 147 挑战表征
- 152 媒介与文化

- 156 媒介编码
- 158 表征的基本问题
- 159 全球化
- 162 全球化的后果
- 164 抵制全球化
- 166 文化研究何去何从?
- 170 延伸阅读
- 173 索引
- 177 作者简介

何为文化研究?

文化研究是一个刺激且"热门"的研究领域。它在各类进步人士中风靡一时,特别是文化作为一个研究的主题或话题,已然取代了社会,成为进步人士的重点探究对象。

文化研究已经在艺术、人文、社会科学,甚至科技领域的学术工作中崭露头角。它似乎无处不在,每个人都把它挂在嘴边。

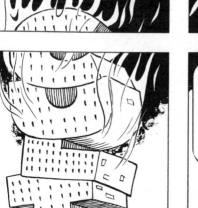

> 但到底何为文化研究?"研究"一词意味着广阔的探究领域——就比如经济研究或管理研究。那么,文化研究就只是对文化的研究吗?

我们知道何为经济。
我们也知道何为管理。

> 但文化呢?唔,它可全然不同。

何为文化?

文化这一概念的模糊性众所周知。一些人类学家认为文化是社会行为。其他人则认为它根本不是行为,而是行为的抽象。对一些人来说,石斧和陶器、舞蹈和音乐、时尚和风格构成了文化;而对另一些人来说,所有物品都不是文化。

然而,还有一些人认为,文化仅存于大脑当中。

文化最古老的定义之一源于英国人类学家 **E. B. 泰勒**(E. B. Tylor,1832—1917)。他在《原始文化》(*Primitive Culture*,1871)的开篇中写道:

文化是包括全部的知识、信仰、艺术、道德、法律、风俗以及作为社会成员的人所掌握和接受的任何其他的才能和习惯的复合体。

何为文化研究的主题?

毫不意外,文化研究并没有一个清晰界定的主题领域。它的出发点是一个涉及面广,且无所不包的文化概念,常被用以描述和研究所有类型的实践。

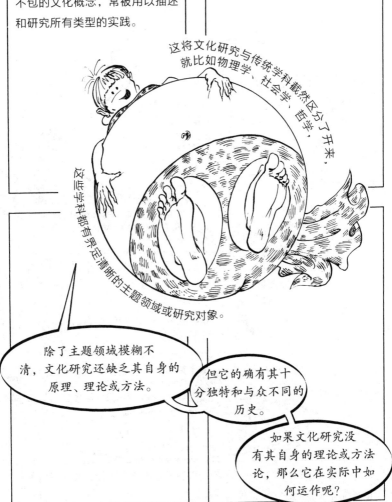

这将文化研究与传统学科截然区分了开来,就比如物理学、社会学、哲学,这些学科都有界定清晰的主题领域或研究对象。

除了主题领域模糊不清,文化研究还缺乏其自身的原理、理论或方法。

但它的确有其十分独特和与众不同的历史。

如果文化研究没有其自身的理论或方法论,那么它在实际中如何运作呢?

所有这些导致我们很难，甚至不可能就文化研究的基本定义达成任何共识。文化研究不是一个东西，而是很多东西。它横跨知识和学术领域，从古老的传统学科到新的政治运动、知识实践和探究模式，如马克思主义、后殖民主义、女性主义和后结构主义。

随着自身关注点和动机的变化，它从一个学科切换到另一个学科，从一种方法论切换到另一种方法论。

这就是为什么文化研究并非一个学科。事实上，它是一个集合性术语，指的是多种多样，且常具争议的，讨论诸多问题的知识实践，包括许多不同的理论和政治立场。

这就是为什么人们通常会说文化研究是"反学科"的，是一种不受制度化学科约束的探究模式。

文化研究的特质

文化研究基本无法定义,但这并不意味着任何东西都可以是文化研究,或者文化研究可以是任何东西。文化研究的历史为它提供了某些区别性的特征,我们通常可以从文化研究的目的中找到一二。

1. 文化研究旨在从*文化实践*及其与*权力的关系*角度来考察其主旨议题。它一贯的宗旨是揭示权力关系,考察这些关系如何影响和塑造文化实践。

2. 文化研究并不只是对文化的研究,就好像它是一个脱离了社会或政治语境的独立实体。它的目标是理解文化的所有复杂形式,并分析它置身其中并彰显自身的*社会与政治语境*。

3. 文化研究中的文化总是发挥着两种功能:它既是研究的*对象*,也是政治批评与行动的*场域*。文化研究这项事业既指向知识,也指向现实。

4. 文化研究试图*揭示和调和知识的分歧*,弥合隐性(基于本土文化的直观知识)和客观(所谓的普遍)这两种知识形式间的裂缝。它认为知者与被知者、观者与被观者拥有共同的身份,共同的利益。

5. 文化研究致力于对现代社会作*道德判断*,走政治行动的*激进路线*。文化研究的传统并非中立的学术研究,而是通过批判性的政治参与,致力于社会重建。因此,文化研究的目的是*理解和改变*各地的支配架构,特别是工业资本主义社会的支配架构。

如何开展文化研究：符号学

要理解文化研究是怎么开展的，我们需要掌握一些它的关键概念和原理。

文化研究中的一个主要概念是符号。一个符号有三个基本特征。

它有一个具体的形式。

它指涉某物，而非其自身。

大多数人会认为它是个符号。

符号的实际形式被称作"**能指**"……

……符号所指涉的，它在思维层面的关联，被称作"**所指**"。

20世纪五六十年代，符号的语言学理论产生极大影响，被称作**结构主义**的知识革命影响了人类学、精神分析、文学批评、马克思主义和其他流派，对之后的**后结构主义**也至关重要。

符号理论是从瑞士语言学家**弗迪南·德·索绪尔**（Ferdinand de Saussure, 1857—1913）的著作中发展起来的。他提出，语言是一种文化现象，以一种特殊的方式生成意义。语言通过一个关系系统，通过构造一个相似与差异的网络生成意义。

看到"女孩"的符号，我们会想到非–男孩，非–女人，非–男人，非–动物，非–女神。

索绪尔

控制语言体系的原理也组织起其他类型的交流体系，如写作、电影和时尚。

罗曼·雅各布森

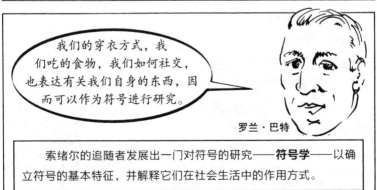

我们的穿衣方式，我们吃的食物，我们如何社交，也表达有关我们自身的东西，因而可以作为符号进行研究。

罗兰·巴特

索绪尔的追随者发展出一门对符号的研究——**符号学**——以确立符号的基本特征，并解释它们在社会生活中的作用方式。

符号、编码和文本

符号通常被编排为由明确或隐晦的规则所规定的编码，某一文化或社会群体的成员就这些规则达成一致。因此，一个符号系统可以承载**被编码**的意义和信息，可以被那些理解这些编码的人解读。一个由符号和编码构成的能指结构是一个文本，可以读解其符号和被编码的意义。

没有前后文语境，就无法完全理解文本。

通过考察社会和权力关系，我们得以理解塑造文本的历史力量。

思考符号和意义的组合，理解文本存在的整体环境。

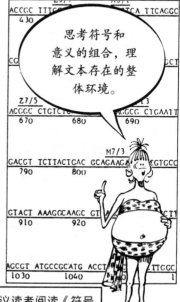

要了解这一重点学科，建议读者阅读《符号学入门》（*Introducing Semiotics*）。

表征他者

赋予符号以特殊意义的过程及其产物就是表征。通过表征,抽象的和意识形态的概念被赋予了**具体的形式**。因此,"印度人"这一概念/符号被赋予了特定的意识形态样貌,即殖民文学对"印度人"的表征——就比如在**鲁德亚德·吉卜林**(Rudyard Kipling, 1865–1936)和 **E. M. 福斯特**(E.M. Forster, 1879—1970)的小说中——懦弱、娘里娘气、不值得信任。

外在于自我的表征实体——也就是外在于一个人自己的性别、社会群体、阶级、文化或文明——是**他者**。

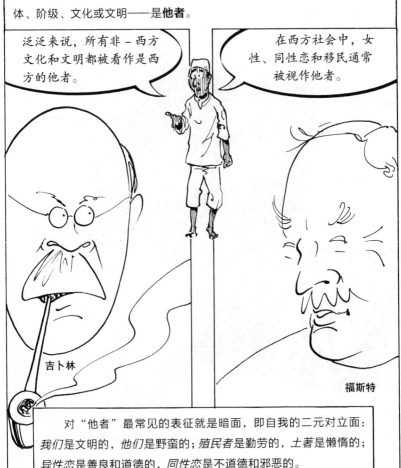

泛泛来说,所有非-西方文化和文明都被看作是西方的他者。

在西方社会中,女性、同性恋和移民通常被视作他者。

吉卜林

福斯特

对"他者"最常见的表征就是暗面,即自我的二元对立面:*我们*是文明的,*他们*是野蛮的;*殖民者*是勤劳的,*土著*是懒惰的;*异性*恋是善良和道德的,*同性*恋是不道德和邪恶的。

话语分析

话语的概念将所有这些概念巧妙地捆绑在一起。话语由文化或社会产生的各类观念组成，包含文本（包括符号和编码）和表征（描述与他者的权力关系）。作为一种思维方式，话语往往代表一种知识和权力的结构。**话语分析**揭示了这些结构，并将话语置于更为广泛的历史、文化和社会关系之中。

让我们在具体案例中运用一下这些概念，就比如照片中的这家餐厅。

它包含哪些符号和编码？它在表达什么重要的文化意义？

解码印度餐厅

我们可以看到,"Raj Balti"坐落在伦敦一条普通的街道上。通过"外卖"(take away)字样,我们对其档次了解一二:一家位于工人阶级聚居区的工人阶级餐厅。餐厅名中的"英统"(Raj)表明其与印度殖民主义之间的联系(也可能是店主的名字,拉杰!)。"巴尔蒂"(Balti)一词也有意义。但究竟是什么意义?

为了探索这个文本在说什么,让我们把"Raj Balti"放到背景当中中去——与其他印度餐厅,以及它们在英国的历史与文化意义联系起来。20世纪50年代,在来自印度次大陆的移民抵达英国之后,印度餐厅在这里落地生根。

如今，"咖喱"（curry）一词历史悠久。在中世纪，它是一种抢手的商品。1650年，莫卧儿皇帝贾汗吉尔（Jahangir）准许托马斯·罗伊爵士（Sir Thomas Roe）在印度成立公司，专门出口印度咖喱和香料。

四百年后，在殖民化完成之时，印度这一他者有了特定的表征，"咖喱"的所指成了最低级的廉价食物，相当于薯条，并代替后者成为英国最受欢迎的食物。

印度餐厅本身被视作一个单一的实体，也被如此表征。*所有提供来自广袤印度次大陆食物的餐厅都是"印度餐厅"。*但是，"吃印度菜"包括吃来自印度、巴基斯坦、孟加拉国和斯里兰卡的各种截然不同的食物，旁遮普、莫卧儿和南印度的菜品，"素食"或"非素食"。但对英国人来说，这些食物都是"咖喱"。直到20世纪70年代，"去吃咖喱"还有一个特殊的含义，即人们在酒吧打烊之后想找个地方消解自己的醉意，就会去印度餐厅。

人们对待印度餐厅的方式就好像那里是个殖民地，是"英统"的延续。

在近半个世纪里，印度餐厅一直忍受着白人顾客最粗鲁、最不文明和最无礼的行为。

三杯啤酒，六个洋葱饼，不要蔬菜！呵忒！

但印度餐厅也进行了抵制。第一种情况,抵制只是利用白人顾客的无知。你点你的,他上他的——同样的咖喱,不同的叫法。因此,一个吃着羊肉咖喱、鸡肉咖喱或咖喱虾的人,其实吃的是同一种东西,只不过用的肉不一样而已!

追溯"巴尔蒂"一词,可以了解第二种抵抗形式。

巴尔蒂是一种容器,一个罐子,一个桶,用来装洗漱或洗澡水。

在印度次大陆,人们在过时的蹲坑里如厕之后,通常会用它来冲水。

像"印度人"那样准备样数繁多、工序复杂的菜品,这显然太艰深、太宽泛、太简陋、太混乱了。那么,印度餐厅和巴尔蒂之间有什么关系呢?

要判定一家印度餐厅是否"正宗",巴尔蒂很重要。当白人顾客变得更懂行,并意识到"咖喱"是个描述各种菜品的通用术语时,正宗的印度菜就和馕坑(tandoor)挂钩了——人们认为,正宗的印度菜应当是在这种火灶中烹制而成的。

> 20世纪70年代,所有好的、正宗的印度菜都是在馕坑中制作的。

> 一种名为克拉希(karahi)的炒锅替代了馕坑,在20世纪80年代蔚然成风。

> 20世纪90年代又变成了巴尔蒂的时代。

> "Raj Balti"中的"Balti"一词说明,这家餐厅"正宗"且时新。

> 实际上,克拉希改头换面成了巴尔蒂。

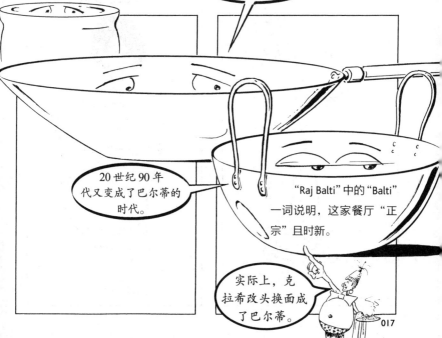

更宽泛地讲,巴尔蒂遮蔽了来自印度次大陆的餐厅经历过的和正经历的微妙转变。作为一种经过改造的、传统且正宗的"印度",巴尔蒂是印度次大陆餐厅重新定位自身与英国社会之间的关系,并恢复自身历史的一种方式。

通过给基本相同的食物贴上不同的标签,印度餐厅突破了工人阶级的形象,获得了时尚的标签。巴尔蒂的巨大飞跃与**马塞尔·杜尚**(Marcel Duchamp,1887—1968)给不起眼的小便池带来的飞跃并无二致。

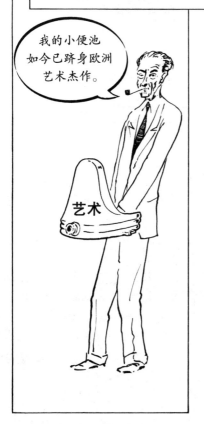

我的小便池如今已跻身欧洲艺术杰作。

我们还把印度菜做得很精致,这样一来,巴尔蒂就可以和西方文明的蓝带锅平起平坐了。

餐厅名称是编码,揭示了印度餐厅与英国社会之间不断变化的权力关系。20世纪60年代,印度餐厅的名称大都是"印度大君"(Maharajah)和"末代英统"(Last Days of the Raj)一类的。这些名字旨在重新唤起人们对大英帝国的美好回忆,而这个帝国早已是陈年往事了。

到了下一阶段,印度餐厅的名称变成了"泰姬陵"(Taj Mahal)和"红堡"(The Red Fort)。这些名称会激发人们对有着丰富历史和传统的印度文明的想象,掩盖英帝国统治的假象,同时又恢复自身的历史。

到了第三阶段,餐厅的名称摆脱了它们与殖民之间的关系。这些名称不仅表明新的族裔在融入,同时还表现出某种自信,邀请印度人去吃印度餐厅:"拉合尔的克拉希"(Lahore Karahi)和"孟买酒馆"(Bombay Brasserie)。

最近,印度次大陆餐厅又一次改变了名称,说法地道,自信满满:"贾勒比中继站"(Jalabi Junction)、"可口咖啡"(Café Laziz)和"苏活飘香"(Soho Spice)。

在许多这样的餐厅中,烹饪区是用餐体验的一部分:不仅保证食材的新鲜,而且还在厨师之手与食客之手间建立了直接的触觉关系。

从话语分析一直谈到阐释,我们可以得出这样的结论:"印度"餐厅在近年来获得了文化上的合法性,创造了一个绝对真实的奇迹。它将一个非常狭隘和排外的民族变得国际化和人性化。

殖民一个国家的方式不止一种!

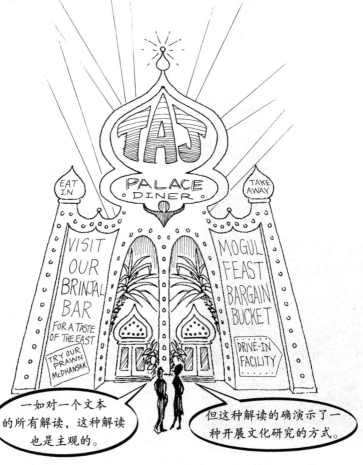

一如对一个文本的所有解读,这种解读也是主观的。

但这种解读的确演示了一种开展文化研究的方式。

文化研究的起源

"文化研究"一词源于1964年创立于伯明翰大学（Birmingham University）的**当代文化研究中心**（Centre for Contemporary Cultural Studies）。1972年，该中心出版了第一辑《文化研究论文集》（*Working Papers in Cultural Studies*），旨在"定义并占据一个空间"，"将文化研究纳入知识版图"。自那时起，该中心所做的工作便获得了该领域的方法论地位。

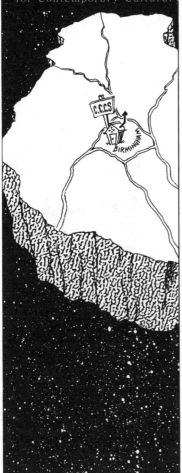

尽管理查德·霍加特（Richard Hoggart）、雷蒙·威廉斯、**E. P. 汤普森**（E. P. Thompson）和斯图亚特·霍尔（Stuart Hall）四人于不同时期在中心开展工作，但他们的研究都是文化研究的开山之作。

开山鼻祖

这些鼻祖的著作都诞生在特殊的社会与历史语境中。

我们都来自工人阶级家庭,在成人教育机构教学。

我们都试图理解文化在英国自身历史的某一关键时刻所起的作用和产生的影响。

我们都通过不同的方式关注以阶级为基础的英国社会中的文化问题。

第二次世界大战刚刚结束,英国国内的教育机会逐步增多,作为战后重建的一种方式,成人教育得到推广。但是,在一个已然改变,且正在快速变化的社会环境中,战前的阶级政治仍然是其常态。此外,英国正在遭受美国流行文化的入侵,这种文化塑造了大众的意识,凸显了英国文化生活中的阶级特征。

理查德·霍加特

理查德·霍加特在赫尔大学（University of Hull）担任成人教育导师，由此开始了自己的学术生涯。他是伯明翰大学的文学教授，创立了当代文化研究中心。他的著作《识字的用途》（*The Uses of Literacy*，1957）是文化研究第一例得到认可的知识样态。基于 **F. R. 利维斯**（F. R. Leavis，1895—1978）的文学批评，霍加特的著作提出，对艺术的批判性解读可以揭示一个社会"对生命的感知度"。只有艺术能够再造出生命丰富的复杂性和多样性。

霍加特

而且，仅有艺术能够让我们跳出日常经验的时间结构。

但是，工人阶级夹在艺术与媒体精英之间。

占据主导地位的精英通过赋予其文化形式和文化实践以合法性及曝光度——投射他们的"价值领域"——来彰显自身的权力。因此，文化斗争涉及对合法性和文化地位的争夺。

工人阶级生活真实写照

霍加特认为"真实的"工人阶级生活和战前英国文化是互相联系的,是一体的。

酒吧和工人俱乐部与家庭结构、语言模式及社区活动无缝衔接,营造出一种丰富、有机关联的生活。

他经常讲述个人经历,拿这种过往的城市工人阶级生活样貌与大众文化做对比……

……即进口的美国流行音乐和电视节目、漫画、犯罪及爱情小说。

大众文化是无聊且浮夸的。

它取代了传统的通俗文化,后者以更直接和更具经验性的方式与工人阶级的社会境况相关联——工人阶级正是这种文化的生产者和消费者。

因此,研究文化就是研究大众媒体和舶来的美国文化是如何"殖民"工人阶级的。

而文化研究的任务是价值分析,其目的是做出价值判断。

雷蒙·威廉斯

雷蒙·威廉斯也是从担任成人教育导师开始他的学术生涯的——他于1946—1960年任教于牛津大学。他的著作《文化与社会》(*Culture and Society*, 1958)和《漫长的革命》(*The Long Revolution*, 1961)结合了马克思主义的两种传统。

> 一些实践将文化视为有机整体一致性的具体表现,并抵制任何形式的决定论。

雷蒙·威廉斯

对威廉斯来说,文化是一个包罗万象的实体,是"一种物质、知识与精神构成的整个生活方式"。他追溯了文化在各种历史境况下朝着一种"完整"形式的演变。威廉斯认为,"普遍的人类文化"是在特定社会中出现的,由本土的、一段时期内的机制塑造而成。

威廉斯不只是分析文学和哲学，还考察了所有形式的语言。借由这些形式，语言被用以赋予生活经验以意义。威廉斯认为，不存在所谓的大众，只存在将人们视作大众的方式。我们可以有好的大众文化，也可以有坏的。

但是，分配价值的实践——哪些与生俱来地好，哪些与生俱来地坏——并非一项清白纯粹的工作。

价值可以用来佐助和支撑起现有的意识形态结构，也可以用来表达对普通人平凡付出的不屑。

在《漫长的革命》中，威廉斯断言，英国社会已经历了一场又一场的革命。它经历了工业化、民主化和文化转型。

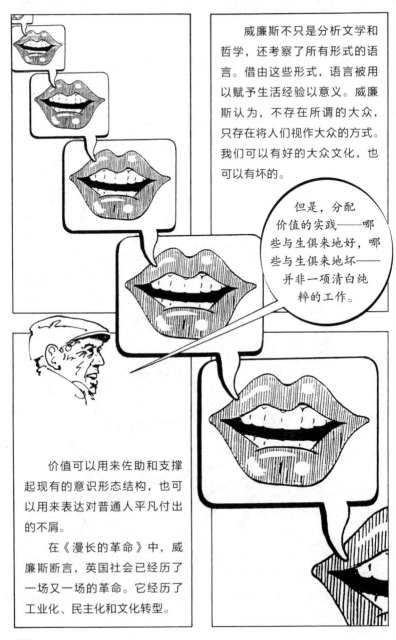

E. P. 汤普森：理解阶级

E. P. 汤普森是一位致力于和平的活动家，核裁军运动（CND）的副主席。他是一位激进的历史学家，改变了人们对英国历史的看法。在他开创性的著作《英国工人阶级的形成》（*The Making of the English Working Class*，1978）中，他试图阐明，英国工人阶级在特定的历史时期形成，从而恢复了英国大众的能动性、关切和经验，这是占主导的传统历史观一直以来所忽视的。

我与马克思主义理论家和社会学家的主要区别在于，我坚持认为阶级是一种历史现象，我们不应将其视作一种结构或范畴。

阶级不是一个事物，它是在人际关系中实际发生着（而且证实已然发生）的事情。

铭记历史

汤普森认为,要理解阶级,就必须视其为"社会与文化的构造,其产生的过程只有当它在相当长的历史时期中自我形成时才能考察"。

这并不是说工人阶级文化与"高雅"文化有不同的源头,尽管它的确为独特的文化参与、关联与创造性活动开创了全新的领域。

汤普森阐明,相同的源头可能产生不同的意义。他以约翰·班扬(John Bunyan)的经典寓言《天路历程》(*The Pilgrim's Progress*,1678,1684)和18世纪横扫英国社会的卫理公会宗教运动为例指出,重点在于它们通过不同的方式,让一个机械工意识到,相对于高高在上的公爵夫人,自己身卑位微,并参与到旨在改变此种关系的活动当中去。

我们必须通过成功者和失败者的经历与贡献来理解文化。我们不能强行做出这样的判断："只有成功者才被记住"，而"走不通的路，迷失的事业，还有那些失败的人则统统都被忘记了"。

和所谓的成功者比起来，伤亡者和受害者体现出同样多的文化活力与意义。

自汤普森的著作发展出的文化研究可能取得了相当可观的成就。流行大众文化并非消费社会的新创造——它有其*发展的历史*。此外，汤普森将为工人阶级创造的文化和*由*工人阶级创造的文化区分开来，这一点非常重要。在一个尚不到十年人们就找寻意义的时代，汤普森却强调发生"在相当长的历史时期中"的意义重大的社会变革，这应该有助于我们把重要事件与微不足道之事区分开来。

汤普森对法国哲学家**路易·阿尔都塞**（Louis Althusser, 1918—1990）提出异议，后者将流行的结构主义引入马克思主义（见第42页）。在1978年出版的《理论的贫困》（*The Poverty of Theory*, 1978）中，他尖锐地抨击了阿尔都塞的马克思主义，令许多文化研究从业者感到费解。

然而，在他所有尖刻的论战与观点中，存在一种一贯的、理性的、原则性的理智。当然，他断言"那些在英国失败了的事业，说不定会在亚洲或非洲取得胜利"，这也为我们提供了一个值得追随的多元化、开放性愿景。

历史是一种我们在其中战斗的形式。在我们之前，就有许多人在其中战斗。原因在于，过去不仅仅只是死的、惰性的、有局限性的，它还表现出能提供创造性资源，从而维系当下、预示未来的迹象与证据！

扯淡！

Stuart Hall
斯图亚特·霍尔

社会学家、批评家斯图亚特·霍尔可能是开山鼻祖中最受推崇的一位。的确，正如一位批评家指出的，文化研究往往错误地围绕霍尔少数几篇极有问题的文章达成统一。霍尔（"20世纪30年代初"）出生在牙买加的一个中产阶级保守家庭。1951年，霍尔获得牛津大学的奖学金——接下来的人生，如人们所说的，都写进了（文化的）历史。

20世纪50年代，霍尔是新左派的领军人物；20世纪六七十年代，他在伯明翰大学的当代文化研究中心工作；80年代，他去了开放大学（Open University），在《今日马克思主义》（*Marxism Today*）上开启有关"新时代"的论辩。

知识实践

霍尔一直致力于行动主义*和*理论工作。他认为,文化研究需要将理论和政治问题维持在"一种永远无法解决但永恒的张力之中",使得一方"刺激、烦扰和打搅另一方"。霍尔认为,保持这种张力状态是重要的。

> 因为没有它,知识研究或许是可能的,但却缺失了知识实践,就比如政治。

霍尔一再强调,知识分子必须始终站在知识和理论的前沿,同时致力于将这些思想传播到"知识分子阶层的圈子"之外。我们可以从以下几个方面来考量霍尔的生活与工作:试图与冲突力量达成一致,利用它们,将它们引往创造性和政治性的方向。

文化至关重要

霍尔形容自己总是待在"距离马克思不远的地方"。然而，在20世纪50年代末和60年代初，他拒绝了马克思主义，转而支持"一种参与当代的紧迫感"。这在20世纪70年代发生了变化。其时，马克思主义受到了关注，"我们选择一种连贯的理论……之前没有分析过的，卡尔·马克思的理论"。这一时期，当代文化研究中心关注的是"结构马克思主义"。20世纪80年代初期，霍尔在撰写一本著作，关于"不做保证的马克思主义者"（Marxism without guarantees）。80年代末期和90年代初期，他"几乎摒弃了马克思主义元素"。

然而，尽管霍尔与马克思主义之间的关系忽远忽近，但他从未接受过阶级斗争可解释并决定一切这一观点。

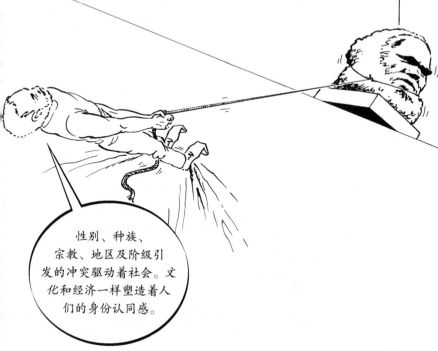

性别、种族、宗教、地区及阶级引发的冲突驱动着社会。文化和经济一样塑造着人们的身份认同感。

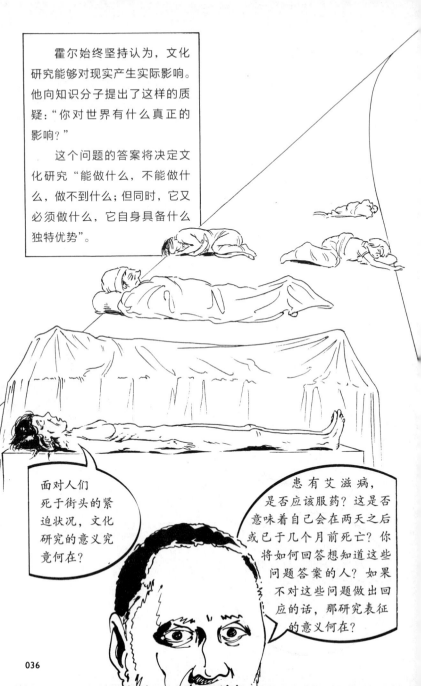

英国文化研究

在形成阶段,英国文化研究深受"新左派"的影响。的确,很多历史学家都把"新左派"的形成与发展视为文化研究的前身。"新左派"的诞生是英国就苏联于1956年入侵匈牙利这一事件做出的回应。

苏联对"苏联集团"国家匈牙利人民起义的残酷镇压成为西欧共产主义的决定性事件。

很多人谴责所谓的"斯大林主义",他们形成了"新左派"。

来自前英国殖民地的学生和知识分子尽管处在边缘位置,从未被允许成为英国左翼主导机制的一部分,但却对"新左派"的形成作用巨大。

文化研究的国际主义

的确,"新左派"之所以会诞生,很大程度上是因为非英语国家的知识分子几乎不可能打入英国左翼的圈子。霍尔认为,这一点对于理解"新左派"和英国文化研究的历史都至关重要。

来自殖民地的知识分子不仅挑战了"新左派"的"英国性",还强调自身代表的"外来"力量所扮演的角色。

如果没有漫长的殖民关系史,"外来者"就不会来到英国。

我们来到殖民我们的"祖国"学习,因而也带来了外部对左翼传统立场的看法和观点。

没有来自殖民地的知识分子,就没有英国新左派;或许也就没有文化研究。因此,英国文化研究从一开始就不限于英国,而是*国际主义*的。

拓宽议题

但直至20世纪80年代,殖民地知识分子的关注点才跻身英国文化研究。在70年代,英国文化研究聚焦于工人阶级年轻男子的"风格"和行为举止。

研究者们认为,摩登、摇滚、朋克等群体的行为体现了对主导体制的象征性反抗。

研究者们"解读"和"探究"他们的衣着、发型、音乐及舞厅礼仪,认为这些是反抗的象征。

直至20世纪80年代,英国文化研究的狭隘视角才得以拓宽,将女性与黑人纳入阶级等级森严、种族隔离的社会。

在撒切尔时期,当私有化和自由市场政策成为常态,文化分析聚焦于女性和少数人的亚文化、亚群体,试图揭露"自由化"对社会边缘群体的影响。和之前一样,重点仍在于"解读"出抵抗和反对主流文化的蛛丝马迹。

其次，英国文化研究始终都具备一种政治维度。它极力强调政治参与式的智性工作所具有的价值。它的目的在于赋予人们以力量，鼓励他们理解文化与各种形式的权力之间内在的联系，从而制定生存的策略。

阿尔都塞的结构主义

法国哲学家**路易·阿尔都塞**将结构主义引入马克思主义,致力于使其成为一门"科学"。阿尔都塞将社会概念化为一个结构性整体,由相对独立的各个层面构成——法律、政治、文化,其作用方式(或他所说的"有效性")完全由经济"最终决定"*。

* 阿尔都塞的著名理论,"determined-in-the-last-instance"。——译注

重要的是各层面之间的*差异*,而非每个元素在呈现整体特质时所扮演的显而易见的"镜像"角色。

> 结构主义的核心要义有两点。一、承认差异性关系是理解文化和社会的关键。二、因此,这些关系的实现先于结构。

因此,对于科学的马克思主义来说,不存在"社会",只有生产方式,后者在历史中不断发展,并始终内在于结构性整体中相对独立的各个层面。

马克思主义不认为存在普遍的"人性",个体并不先于社会条件。每个主体都是系统的施动者。

西格蒙德·弗洛伊德
(1856—1939)

阿尔都塞从我这里借用了"过度决定"这一概念,以说明经济层面(生产方式)的现实并不表现在意识形态或意识中,而是以一种置换的形式(displaced form)存在于整个社会形态之中。

过度决定的因素不止一个,而是有很多——经济的、政治的、文化的,它们相互竞争,彼此矛盾,从而构成了一个"社会"。

20世纪70年代，英国文化研究吸收了阿尔都塞的分析，提出三个主要观点：社会的主要意识形态工具——法律、宗教、教育、家庭——与经济条件同样重要；文化既不完全依赖也不完全独立于经济条件和关系；意识形态并不像传统马克思主义者一直主张的那样构建"虚假意识"。

意识形态提供了一个概念框架，我们通过它来阐释我们的生活和物质条件，并赋予其意义。

因此，意识形态生产出我们的文化，以及我们对于自己是谁、自身之所属的认知。

安东尼奥·葛兰西的影响

安东尼奥·葛兰西（1891—1937）是一位政治活动家，马克思主义哲学家，意大利共产党创始人。他认为，列宁在俄国领导的布尔什维克革命（1917年）可以移植到意大利。他相信，都灵和皮埃蒙特的工厂委员会运动可以转化俄国苏维埃的经验，让工业工人阶级成为革命力量。在1920年的大罢工之后，整个意大利北部的工厂都被占领了。事实上，在政府用南方农民取代罢工工人之后，这次罢工就以失败告终了。

令我感到震惊的是，那些本应同情我们的农民居然违背自己阶级的利益，与敌人勾结在一起……

1922年，法西斯主义赢得了胜利。我，贝尼托·墨索里尼（1883—1945）成了独裁者！

霸权

尽管作为在任国会议员,葛兰西享有豁免权,但1926年,法西斯分子仍然逮捕了他。他在狱中度过了自己的余生,在不幸"被迫赋闲"的时间里反思了社会主义的失败,以及文化在社会中的关键作用。

葛兰西思想的关键术语是**"霸权"**,这个理论对于理解历史及任何既定社会的结构至关重要。霸权不使用武力,就将社会联合在一起。

上层阶级把"智识和道德领导权"作为他们经济权力的辅助,从而获得霸权。

要获得这种领导权,就要向工人阶级妥协并达成共识。葛兰西认为,这个过程是英国和法国的自由民主制度获得成功的关键。"谈判"和"妥协"是理解霸权理论的基本术语。思想、价值观和信仰并非统治阶级强加的,也不是自然而然、偶然间出现的,而是在阶级间一系列的冲突与碰撞中交涉形成的。

这个活跃的过程发生在多个层面,最终导致彼此竞争的阶级达成"均势妥协"。

文化是发生霸权斗争的关键场所之一。"智识和道德领导权"的问题正是在大众文化的领域得以解决的。

知识分子

知识分子在葛兰西的理论中也很关键。知识分子通常指一小群聪明、道德高尚、独立自主的精英人士,代表人类的良知。

> 据此,我们可以说所有人都是知识分子,但并非所有人在社会中都具有知识分子的职能。

葛兰西倾向于使用"有机知识分子"的说法,他们公开对受压迫的阶级表示认同,与他们同甘共苦,为他们的利益而努力。

多年来,葛兰西的思想遭到片面化的理解和党派的误解。一系列运动、群体和个人吸收并利用了他的理论——文化研究只是其一。"霸权理论"在文化研究中的运用已不同于葛兰西最初的阐释。

斯图亚特·霍尔

> 我们拓展了这一理论,超越了阶级权力和关系的界限,运用于对种族、性别、文化、消费主义、意义和快感等问题的讨论。

> 好吧!这与我提出的"属下阶层"(subaltern)*概念倒也并行不悖。(见77页)

* 该词也有"庶民"这个译法。——编者

纵观文化研究的历史,人们运用葛兰西的理论揭露各种文化、知识及哲学立场中的霸权倾向。

对英国文化研究的批评

人们强烈批评英国文化研究,认为它狭隘、"英国中心主义",过度强调阶级而忽略种族和性别,过于关注城市风潮及亚文化习俗,且将其浪漫化。

在英国文化研究中,"文化"通常指的是"*英国文化*"。

> 英国大众文化被投射为一种原型,全世界都应追随它。

> 英国文化研究在伯明翰、伦敦这样的大都市中心发声。而这些地方却往往忽视边缘人群的关切与视角。

> 英国文化研究讨论工人阶级、女性、黑人及其他少数族群,而从事这项研究的绝大多数人却是白人、中产阶级及男性。

英国文化研究对"艺术"的定义也特别欧洲中心主义。只有西方文化视艺术为意义的源头,艺术在各个层面再造生命。每一个有自我意识的个体生命都渴望艺术的环境,非西方文化并不认可这样的观念。

尽管文化研究宣称其目标是捍卫被边缘化、权利被剥夺者的利益,但它是对殖民和后殖民时期西方"文化与文明"至上主义传统的延续。

英国文化研究也将某些流行艺术形式美化为文化原型。

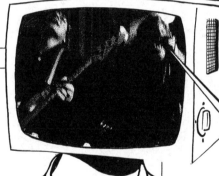

举例来说,MV就被过度分析。对这些文本的很多解读既陈腐又无聊。

同样的,英国电视节目,特别是第四频道制作的节目,被捧为"人民"和"少数族群"的代言者——这些节目的视角虽然坚持差异,但实际上却提出不同文化与社会结构间的共性,由此来消除差异。

英国文化研究也被斥为"假面马克思主义"——"为修正的、有条件的马克思主义当'幌子'"。这种批评是合理的,因为马克思主义对文化研究有两方面具体的影响。**首先**,文化研究认为工业资本主义社会按照阶级、性别和种族进行不平等划分,这源于马克思主义。但文化研究进一步提出,文化是这种划分得以建立和斗争的主要领域。通过文化,属下阶层和边缘群体抵制强加在他们身上,体现统治阶层利益的意义。

这就是为什么广义上的文化,特别是文化研究,是一项意识形态层面的事业。

其次，一些批评者声称，文化研究已经接受并融合了马克思主义的唯物史观。当然，文化研究试图从文化力量如何赋予社会结构以*历史形态*的角度来对其进行分析。文化之所以重要，是因为它塑造了历史和社会结构。因此，文化研究并没有区别对待历史和文化。然而，总体而言，文化研究倾向于反对还原主义的马克思主义，认为这种马克思主义就是历史和经济的刚性决定论。

文化研究的转移

在撒切尔时期（1979—1990），英国文化研究开始分化并走出英国，转移到了美国、加拿大、澳大利亚、法国和印度。

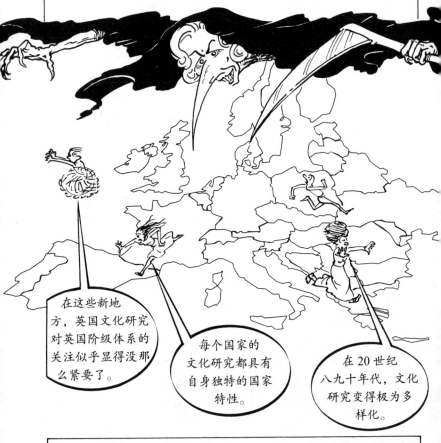

在这些新地方，英国文化研究对英国阶级体系的关注似乎显得没那么紧要了。

每个国家的文化研究都具有自身独特的国家特性。

在20世纪八九十年代，文化研究变得极为多样化。

在某些地方，文化研究不那么关注政治了，而是更加关注美学和文本分析。在另外一些地区，文化研究更加关注政治，以及边缘人群的困境和话语。接下来，我们就看看这些差异发生在哪些地方，以及何以会发生。

美国文化研究

20世纪80年代中期,文化研究跨越了大西洋。彼时,美国的人文学科整体处于动荡之中,正经历一场社会学转型。很多学科正转向更为积极地参与社会身份政治,研究文化形式的表征。

举例来说,媒介研究的重点转向了对观众的人种志研究。

对媒介文本的研究则考察其在创造大众文化形态中的作用。

还有一小部分人做传播研究,历时十多年,主张把对传播的阐释作为一种方法,创造和转化共享文化。

因此,对美国学术机制体系来说,快速掌握和吸收文化研究并非难事。

随着文化研究在美国的体制化,它也迅速变得专业化。它很快就有了自己的技术语言——主要来自符号学和文学理论,而且,尽管它最初反学科,也已然变成一门学科。在美国,文化研究从一种知识传统变成了一种系统的专业活动,在自由主义学术的广泛领域中开展。

因相对缺失左翼知识传统,美国文化研究进一步与其英国的政治根源切割开来。它成了那些与当时的政治及文化运动几乎没有任何直接联系的学者的领地。

总体而言,我们不认为文化研究与政治行动之间有重要甚或必要的关联。

权力、政治、阶级、知识构成,这些构成英国文化研究的根本问题在美国失去了意义。

因此，美国文化研究摒弃了很多马克思主义的假定就不足为奇了——主要是因为后现代主义者猛烈攻击了马克思主义。法国哲学家**让-弗朗索瓦·利奥塔**（Jean-François Lyotard, 1924—1998）在其开创性的著作《后现代状况》（*The Postmodern Condition*，1979）中提出了重要的后现代思想，即"对宏大叙事的怀疑"。

继利奥塔之后，后现代主义者们视马克思主义为启蒙运动的延续。

它是一种目的论和根本论，一套关于解放的"宏大叙事"，而我们对此并不苟同。

我们也不认同其本质主义、经济决定论和欧洲中心主义。

1989年，苏东国家的剧变，进一步拉开了美国文化研究与批判马克思主义的距离。

同样不足为奇的是，美国文化研究遭到严厉批评。因为，来自该领域的英国先驱以及那些被无情地称作清教徒的人，希望把文化研究形成的历史复制到世界各地。对美国文化研究最强烈的批评认为，它是一种广义的文本分析和毫无体统的理论化。

它已经发展出一套内行才懂的框架，远非定义更为宽泛的英国文化研究。

在后结构主义的影响下，文化作为一种实践、形式和机制的重要性消失了。

关于美国文化研究，我不知道怎么说。它完全把我整蒙了。

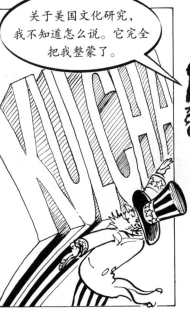

加拿大文化研究

文化研究传到加拿大和传到美国差不多同时间，落脚地也一样——传播研究院系。但加拿大传播研究的关注点与美国向来不同：具体地反思加拿大的问题。加拿大文化研究主要关注宽泛意义上的"加拿大经验"。加拿大有几点特殊性。

澳大利亚文化研究

澳大利亚的知识传统一直都受英国很大影响。澳大利亚文化研究忠于这一知识传统,吸收了英国文化研究的大多数历史元素。的确,正如不止一位批评家所指出的,澳大利亚文化研究在"英帝国主义征服的原地图"上发出"可笑的回声","大量的左翼学者游荡在澳大利亚各处,挂在嘴边的却是伯明翰"。

> 澳大利亚文学研究的批判性及民族主义运动大力支持文化研究。

> 电影和媒介研究院系,以及澳大利亚研究丰富且多学科的领域也有文化研究理想的栖身之地。

> 所有这些学科都致力于找到澳大利亚生活的独特性。

政府资助本国电影行业，这一决定尤其影响了文化研究在澳大利亚的发展，直接促成了澳大利亚电影在20世纪70年代的复兴。唯一决定了澳大利亚电影特色的是为其提供资金的国家机构。在这些机构看来，电影与其说是一套商业，不如说是在国内外象征国家的一种工具。

电影呈现的国家形象若是有碍观瞻，就会被雪藏。

因此，复兴的电影行业集中拍摄美化欧洲殖民历史的电影及古装剧，拥护澳大利亚文化的官方保守定义。

同样受到压制的还有本土类型的电影，就比如激进的民族主义"土澳电影"（ocker films）。

通过关注本土的文本、机制和话语，澳大利亚文化研究试图审视电影、历史和文学理论中的"国族性"这一整体概念。然而，尽管它承认澳大利亚的身份认同仅从国族的角度分析才成立，而不能从阶级的角度分析，或视作英国的文化分支，但它仍然从英国文化研究中汲取了重要的理论和分析范畴。

法国文化研究

法国在20世纪60年代经历了一场彻底的变革。去殖民化带来了重大变化。在越南,越盟取得了军事胜利,法国人被赶走了;在北非,历经八年的残酷战争,阿尔及利亚于1962年脱离了法国,获得了独立。1968年,轰动的学潮进一步激化了法国政治。

要理解"什么是法国?"这个问题的复杂性,就需要了解法国内部的南北分歧。某些地区,如科西嘉岛、布列塔尼和东部省份,一直都在法国版图上时有时无。

谁是法国人更成问题。来自东方、中欧、地中海地区的移民,以及近些年来自北非的移民,已经彻底改变了法国的民族构成。在比利时和瑞士等其他国家,以及北非(和非洲其他地区)也有非常大的讲法语的群体。

法国文化研究的一个主要问题是,文化知识(如语言能力)是否构成判断谁是法国人的必要前提。

最初,法国奉行同化政策——最终目的是将移民的文化水平提高到与法国人持平,从而使他们融入"这个民族"。

这项政策失败了,取而代之的是"联合"理论,出了一套新的教学大纲,对移民的文化及祖国给予更多认可。但法国文化更具优越性的普遍观念仍然存在。

谢哈·雷米蒂(Cheikha Rimitti):籁乐(Raï)天后

谢卜·哈斯尼

哈立德

马格里布后裔*是非裔法国人，他们通过自身的文化差异建构自我的身份认同，这给法国身份带来特殊的难题。马格里布后裔对法国有很强的文化影响，特别是他们独特的音乐将阿尔及利亚的传统音乐与摇滚乐融为一体。

* The Beurs，生在法国的北非移民后代。——译注

艾特布古梅兹*

* Aït Bou Guemmez，摩洛哥中部地区的山谷，其传统音乐主要使用的乐器是长笛。——译注

马格里布后裔运动始于20世纪70年代。其时，我们这些北非裔的年轻人开始组建剧团。

我们的戏剧使用法语，也有一些阿拉伯语，描述我们日常与贫困、种族主义及文化冲突的斗争。

格纳瓦族*

* Les Gnawas，非洲民族，其民族乐极具影响力。——译注

但法国非裔的文化是法国文化研究的一部分吗？

一些理论家认为，殖民经验意味着前法国殖民地与法国确实有着独特的文化关联。法国非裔文化是法国文化研究的合法构成。但是，将非洲文化纳入法国文化研究提出了一个问题：法国非裔的经验有多普遍？"非洲经验"难道不得分成好多族群、文化分支和阶层吗？

唐·切瑞*

* Don Cherry，1936—1995，美国爵士乐小号手。——译注

外部的他者也塑造着法国人的身份。长期以来，法国的主要他者是德国。1945年之后，具有强大文化和经济影响力的美国成了法国的他者。法国的美国化已经成为法国文化研究的重大课题。

美国的观念和消费文化正在取代法国的文化"规范"。法国人自己的语言被剥夺了，被动地臣服于外国势力。

我们视美国电影为"特洛伊木马"，视欧洲迪士尼为"文化切尔诺贝利"。

《高卢英雄历险记》(Asterix the Gaul)讲述了一个与罗马人作战并取得胜利，且倡导群体理念的"风趣勇士"的故事。这本漫画是作为对美国漫画霸权的回应而出版的。

什么是法国（民族）、谁是法国人（人民），以及法国社会的分歧（性别、地理、种族、阶级）等棘手问题像是断层线，赋予法国文化研究以独特活力。法国似乎在逆境中茁壮成长。

皮埃尔·布尔迪厄

皮埃尔·布尔迪厄（Pierre Bourdieu, 1930—2002），社会学家和教育家，法国文化研究最杰出的倡导者之一。他通过一系列的著作不厌其烦地揭示社会权力斗争与不同社会群体对文化产品的使用之间复杂的内在关系。布尔迪厄首先提出：谁在消费怎样的文化？这种消费又有何影响？布尔迪厄与阿兰·达贝尔（Alain Darbel）合著的《艺术爱好：欧洲的美术馆和公众》（*L'Amour de l'art: Les Musées d'art Européens et leur public*，1966）一书提出，国家美术馆的观众可以按照阶级和教育水平来划分。

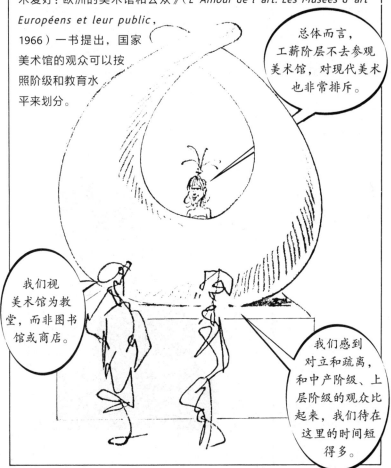

总体而言，工薪阶层不去参观美术馆，对现代美术也非常排斥。

我们视美术馆为教堂，而非图书馆或商店。

我们感到对立和疏离，和中产阶级、上层阶级的观众比起来，我们待在这里的时间短得多。

美术馆服务于有文化的特权阶层。通过提出"好的"与"庸俗的"品位，合法与非法风格之间的区分，这种特权得以正当化。

布尔迪厄提出，审美判断并不遵循某种客观、自主的审美逻辑——相反，审美判断用品位的区分代替了阶级的区分，因而强化了阶级之间的分化，并维护统治阶级的权力，认可其对其他阶级的权威。布尔迪厄用一个经济比喻来说明这一点。

"文化资本"是阅读和理解文化代码的能力；但这种能力，以及由此掌握的"文化资本"，在社会阶层中的分配并不平等。

这尊雕像淫秽且中规中矩。

工人阶级几乎没有"文化资本",在争夺文化权力的战斗中系统地败下阵来。当"文化资本"被投入品位的实践当中时,它既为拥有它的人带来了高额的利益,也为统治阶级之为统治阶级,以及统治阶级"理当"如何提供了"合法性的利益"。

布尔迪厄在《区分》(Distinction,1980)中论述了这一点。

> 艺术作品只对掌握"文化资本"并理解其编码的人产生意义并引起他的兴趣。艺术作品是按照这种编码被编码的。

> 哇,真棒!我觉得它有艺术价值。

南亚文化研究

在美国以外的其他地方,南亚的文化研究最为蒸蒸日上。事实上,翻翻《南亚文化研究》(*South Asian Cultural Studies*, 1996),看看**维奈·莱尔**(Vinay Lal,生于1961年)为其列出的浩繁的参考文献,你有下面这种想法也情有可原——和板球一样……

……文化研究是印度人的发明,只不过被英国人偶然发现。

南亚文化研究是经由对科学的文化研究发展起来的。20世纪70年代，重要著作如吉特·辛格·乌贝罗伊（Jit Singh Uberoi）的《科学与文化》（*Science and Culture*，1978）、克劳德·阿尔瓦雷斯（Claude Alvares）的《匠人：印度、中国和西方的技艺与文化》（*Homo Faber: Technology and Culture in India, China and the West*，1979），以及阿希斯·南迪（Ashis Nandy）的《另类科学》（*Alternative Sciences*，1980），为持续批判现代性和西方科学理性之病态奠定了基础。20世纪80年代初，孟买爱国人士科技小组（Patriotic People's Science and Technology Group）和迪帕克·库马尔（Deepak Kumar）、希夫·维斯瓦纳坦（Shiv Visvanathan）、维纳·达斯（Veena Das）等作家的新作确保印度的激进学术"遵循所有知识都是政治介入这样的信念"。

泰米尔人

科塔人（尼尔吉里丘陵）

马拉巴派（提耶种姓）

拉其普特人

雷布查族

婆罗门法基尔

发展中社会研究中心

南亚文化研究分为三个截然不同（且时常交锋！）的流派。

1963年，发展中社会研究中心（Centre for the Study of Developing Societies）在德里成立。中心的学者们实践一种特殊的文化研究模式，植根于本土的社会知识形态。拉伊尼·科塔里（Raini Kothari）、阿希斯·南迪和D. L. 谢希（D. L. Sheth）等人的理论研究质疑了文化的概念，以及政治、经济和科学的标准化范畴。

中心的学者们主要关注三个重点议题。第一个议题与"前现代"群体转变为现代集体的经验有关。

可以说，这些关于种族、宗教和性别的经验或理论研究试图捕捉历史与非历史结构之间的瞬时关联。

比尔人

印度斯坦人（贝拿勒斯）

孟加拉人

第二个议题与文化的交流有关。这个议题认为，"不理解"有时被视作一种极具理论启发性的方法，用以研究文化的形成。

研究者认为，文化不仅通过与他者的对话，还通过保持完全不可沟通来保持其内在力量。

雷布查族（锡金）

锡克人

第三个议题与恢复文化有关。国家和民族主义、世俗主义、科学倾向、理性和文化普世主义等霸权意识形态导致了这些文化的政治边缘化。

拜火教徒

这个议题重点关注边缘化的机制以及异见文化为摆脱困境而采取的策略。

克林人

印度斯坦人（加尔各答）

CCS 或 Teen Murti

当代研究中心（The Centre of Contemporary Studies）位于德里的尼赫鲁纪念博物馆和图书馆（Nehru Memorial Museum and Library，也被称作"Teen Murti"），这里有一群异类的学者从事更传统的文化研究。R. S. 赖安（R. S. Raian）和吉塔·库马尔（Geeta Kumar）等学者既关注电影、舞蹈和街头文化，也关注印度英语和全球统治。他们当中最著名的可能是阿吉兹·阿罕默德（Aijaz Ahmad），他是马克思主义学者，也是著名乌尔都语诗人**迦利布**（Ghalib，1797—1869）《**抒情诗集**》（*ghazals*）的译者。

迦利布

属下研究小组

属下研究小组（Subaltern Studies Collective）以德里大学为基地。他们的主要阵地是创刊于1982年的年刊《属下研究：南亚历史与社会》（*Subaltern Studies: Writings on South Asian History and Society*）。"属下"一词源自葛兰西的文章《历史的边缘：属下社会群体的历史》（"On the Margins of History: history of the subaltern social group", 1934）。

最初，我使用"属下"一词统称各种明显缺乏阶级意识、被统治、被剥削的群体。

在属下研究小组的研究中，我们使用这个词来描述农民，不时站起来反抗英国殖民主义者的反叛者，或者更加笼统地说，"人民"。

"属下"揭示了所有印度人与所有可被称作"精英"的人之间呈现出的人口学差异。

可以说，属下研究是一个研究印度殖民历史的学派。它的主旨是挖掘、考察和描述在精英阶层之外，人民自身所做出的贡献，并建立一种属下或农民意识。

我们的研究重申历史，并提供一种有关意识和变革的理论。这种理论认为，变革的力量牢固地根植于反叛者或属下阶层当中。

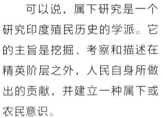

佳亚特里·查克拉沃蒂·斯皮瓦克

属下研究小组的成员还包括拉纳吉特·古哈（Ranajit Guha）、沙希德·阿明（Shahid Amin）、贾南德拉·潘迪（Gyanendra Pandey）、苏米特·萨卡尔（Sumit Sarkar）等人，以及最著名的佳亚特里·查克拉沃蒂·斯皮瓦克（Gayatri Chakravorty Spivak）。该小组对南亚的历史、政治及批判研究有着不可磨灭的影响。

甘地的影响

南亚文化研究还有另外两个重要特征。第一个特征和现代独立印度的创始元勋 **M. K. 甘地**（M. K. Gandhi, 1869—1948）有关，他影响了印度文化，并作为"绿色领袖"重新阐释了印度文化。甘地思想对生态学的影响在印度激起了强大的草根生态运动。

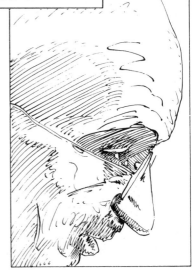

一直以来，我们农民和村民都推动着对发展的批判……

……并试图在人与自然之间找到一种更加人道和可行的关系。

瓦达纳·希瓦（Vandana Shiva）和塔里克·贝努里（Tariq Benuri）的著作表明，南亚文化研究正面解决了这些问题。

英语的地位

第二个特征与英语在印度的作用和地位有关。我们在多大程度上可以称英语为人民的语言?

在政治层面上,英语与印度语言如何相关?

英语与阶级和种姓制度有何关联?

英语在印度如何发挥霸权主义的作用?

印度英语有什么独特之处?

这些问题是南亚文化研究和泰亚斯维尼·尼兰贾纳(Tejaswini Niranjana)、苏西·塔鲁(Susie Tharu)、拉杰斯瓦里·桑德尔·拉詹(Rajeswari Sunder Rajan)等学者工作的核心。

阿希斯·南迪

阿希斯·南迪（生于 1937 年），心理学家和文化批评家，堪称南亚文化研究之父。他主要致力于推进文化研究成为一项完全本土化的事业，这项事业的基础是印度次大陆独特的认知和存在范畴。南迪明确地把自己定位为历史的受害者，以及一系列宏大西方思想（如科学、理性、发展和民族国家）的牺牲者。

但是，历史上暴政的受害者，以及受我们这个时代的观念和意识形态压迫的受害者，既存在于所谓"西方"的地理、文明、知识和观念空间，也同样存在于非西方。

南迪寻求团结受害者，并提高他们对自身受害者身份的认知。

以下列出南迪的一些观点。首先,关于殖民主义……

殖民主义使殖民者丧失了人性,残暴地对待被殖民者。

大象也没少遭罪……

欧洲帝国主义列强在殖民地的所作所为成为一种新的政治和公共文化,又反弹至殖民国。殖民主义在文化上改变了英国,它压制温和、怀疑和内省,并视之为女性化的,因而毫无价值,不应成为公共文化;它还宣扬英国殖民生活中最野蛮和最男性化的一面。

东方的刻板形象

欧洲中心主义惯于把他者描绘成不可理喻的野蛮人。殖民主义用病态的刻板形象取代了这一惯例,把东方人描绘成奇怪但可预测的。东方人如今虔诚又迷信,聪明又狡猾,混乱暴力又懦弱卑微。同时,殖民主义还发明出一种新的话语,即打破这种刻板形象的基本模式就是扭转他们:迷信但具灵性,未受教育但聪颖智慧,娇弱但平和。

小可爱……
(真可惜,长大后你会成为一个迷信的、有灵性的、没受过教育的、聪明的、娇弱的、平和的东方人……)

任何殖民主义都是不彻底的,除非它挪用受害者的反抗语言来"普及"和丰富其种族的刻板形象。

最终,我们听到的殖民主义受害者的呼声是用另一种语言表达出来的——对于殖民者和他所培育驯化的反殖民运动来说,这种语言是未知的。

可渗透的自我

传统社会有能力与文化的歧义共存，并利用这些歧义来建立心理甚至形而上的防御，来抵御文化的入侵。

传统文化要求一个人的自我形象要保持某种边界的可渗透性。自我不能封闭得太死，不能机械地与非我截然分开。

这是生存策略的另一面，是了解印度后殖民世界观的线索。

非玩家与未来

异见者已经被驯化了。所有针对霸权主义冲力的抵抗和异见都可归入两类：暴力或和平。南迪提出了第三种方式：作为非玩家的异见者。非玩家玩的完全是另外一种游戏，关于异见的可能和未来的游戏。未来本身是一种认知状态。游戏的主旨在于，改变人类对未来的认知，从而改变未来。西方定义了什么是"不变的"和"普遍的"，因而抹除了他者文化的可能性，以确保其自身对过去、现在及未来的线性预测能持续下去。

因为不去思考未来，他者文化沦为西方文明过去、现在和未来的囚徒。

南迪认为，要打破这种结构，非西方文化必须用自身的类别和概念来定义自己的未来，用忠实于自身的语言来阐明自己的可能性——即便"全球围栏另一边体面的学术人士们"无法理解。

解决方案是什么？

最后，解决方案的可能边界是什么？

> 我们要从制度化的苦难中解脱出来，就必须既借助非西方，又借助西方。

但这并非请男性化的、压迫性的西方改造自己；而是承认西方被压迫、被边缘化的自我需要帮助，并且可以与之成为盟友，投身抵抗制度化苦难的文明斗争。

> 非西方文明必须赋予所有的苦难以集体的表征——过去的苦难和现在的苦难——从而挣脱未来苦难的束缚。

非西方文明必须意识到带来残酷与悲痛的外在力量，也要意识到将真实自我驱逐的"内在因素"。他们要做的不仅仅是抵抗西方：他们还必须将自己的文化转变为抵抗的文化。

科学文化研究

这个领域的文化研究在意识形态上是最敏感的,因为科学一直是,现在仍然是欧洲世俗文化的图腾。在科学理论家和宗教理论家长达几个世纪的斗争中,前者的核心主张是,唯有科学拥有真理,神学和形而上学之类的都属无稽之谈。

这种排他性的主张之所以合理,是因为就改变人类知识和人类物质条件而言,科学所取得的成就显而易见。

这是个典型的科学家!

但你的哲学论证基于科学知识所谓的"客观性"和"中立性"。

讽刺的是,和科学哲学家对拥护其他信仰体系的人的批评一样,"中立性"也是一种错误的意识。

和任何形式的学科研究一样,科学实践也深受价值承诺的影响。

价值以多种方式进入科学。第一个切入点是对要考察的问题的挑选——对问题的*选择*，*谁*做选择，基于什么*理由*。社会、权力的政治现实、偏见和价值体系甚至会影响"最纯粹的"科学。

在确定什么的确被视作问题、提出什么问题以及如何回答这些问题等方面，价值也起着重要作用。例如，癌症而非糖尿病可能被视作一个问题，尽管这两种疾病的患者数量相当。在这样的情况中，政治和意识形态方面的考量都可能让我们对一个问题视而不见，而把注意力集中在另外一个问题上。

杰罗姆·雷维茨（Jerome Ravetz，生于 1929 年）在他的经典著作《科学知识及其社会问题》（*Scientific Knowledge and Its Social Problems*，1971）中，论证了上述的大部分观点。其他批评家如希拉里·罗斯和史蒂文·罗斯（Hilary and Steven Rose）强化了这些论点。但在这些分析的背后，是一段漫长的给科学去神秘化的历史，哲学与科学史卷入其中，激烈争论。

在第二次世界大战之后，科学哲学家们把他们的教义说成是和科学本身一样客观和中立的，但实际上，他们是 20 世纪 20 年代维也纳学派那群坚定甚至好战的"逻辑实证主义者"的承继者。

> 用自我批判的伦理原则取代"确认的逻辑"，科学的本质就可以得到救赎。

卡尔·波普尔（Karl Popper，1902—1994）

当波普尔把这一见解用于《开放社会及其敌人》(The Open Society and its Enemies, 1945)一书的论述时,一般的人类行动,特别是政治,就变得十分有力,也给波普尔带来了巨大的影响力。但当波普尔试图在科学的反驳逻辑中表达这一点时,他却遇到了无法解决的困难。

科学哲学的真正革命——提出相对主义的后现代时代——是由**托马斯·库恩**(Thomas Kuhn, 1922—1996)在《科学革命的结构》(The Structure of Scientific Revolutions, 1962)中拉开序幕的。库恩被科学史教学的"成王败寇"模式所困扰。人们认为科学永远都是真理,而且会不断进步,一幅不为正常科学进程所困的美好图景。

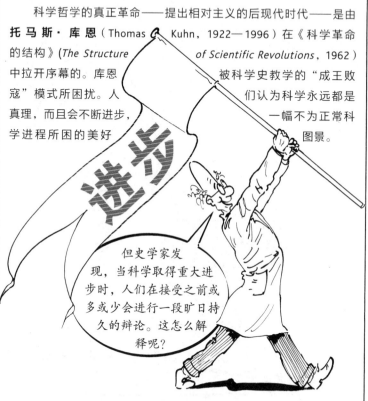

但史学家发现,当科学取得重大进步时,人们在接受之前或多或少会进行一段旷日持久的辩论。这怎么解释呢?

更糟的是,有时候,一个看似是真科学家的人会否认后来被接受为科学真理的东西。难道说,即使是现在,科学也不能避免错误,一些自信的科学断言可能是错误的?面对这种威胁,传统史学家的反应一般是诋毁那些成为败寇的科学家,认为他们在智力或道德上存在缺陷。

范式转换

库恩意识到，传统的科学史过于简单。通过研究亚里士多德，他获得了极具启发性的洞见，即每套理论都有其自身的有效性。由此，他提出了"范式"的关键思想——"解谜的科学常态"所依据的不容置疑的前提，直到因无法取得进步，以及异常现象的累积导致危机出现。

> 然后，一场"科学革命"发生了，产生了一种新的"不可通约"的范式。从一个范式转换为另外一个，类似于"转换体验"。

> 帮助我们改变这种范式，好吗？

这种非常合情合理的说法给真相和进步都画上了大大的问号。通过库恩的解读，我们发现科学是相对的，也无疑是武断的。

波普尔学派觉察出库恩哲学的意识形态内涵，并试图与之抗衡，但为时已晚。在动荡的20世纪60年代，**保罗·费耶阿本德**（Paul Feyerabend，1924—1994）出现了，他为科学认知的经典认识论方法画上了句号。

他提出，科学已经取代神学成为自由的主要敌人。

在他的《反对方法》（*Against Method*，1975）中，费耶阿本德阐明，任何既定的科学方法或科学良好实践的原则都会被一些伟大的科学家打破——伽利略就是一个非常好的无政府主义的例子。事实上，根本不存在所谓的"科学方法"。

在费耶阿本德之后，前沿从哲学转移到对科学的行为研究。去神秘化、揭穿真相的基调占据了主导地位。到20世纪70年代末，科学文化研究已经发展成一门成熟的学科，分为"科学、技术和社会"、"科学政策研究"和"科学社会研究"等多个门类。

20世纪80年代，布鲁诺·拉图尔（Bruno Latour）和史蒂夫·伍尔加（Steve Woolgar）以"科学事实的社会建构"为副标题，出版了《实验室生活》（*Laboratory Life*，1979）一书，掀起了科学文化研究的新浪潮。这是一项明显具有讽刺意味的研究，研究者们采取了一种假天真的姿态。

至于"事实"或"进步",无论是作为活动的产物还是作为部落成员-科学家的动机,都只是偶然地进入了这个故事。在拉图尔和伍尔加之后,许多其他学者——最著名的是卡琳·克诺尔-塞蒂娜(Karin Knorr-Cetina)和史蒂夫·富勒(Steve Fuller)——研究科学的人类学、社会学、宗教信仰和文化。

科学捍卫……

科学的捍卫者们必然有所反应。保罗·格罗斯（Paul Gross）和诺曼·莱维特（Norman Leavitt）在他们的《高级迷信：学术左派及其关于科学的争论》（*Higher Superstition: The Academic Left and Its Quarrels with Science*，1994）一书中发起了反击，他们把建构主义者、解构主义者、女权主义者，所有对科学进行批判性反思的人，都归为敌人。这种霰弹枪式的方法不可能有明确的重点。重点最终是一位物理学家提供的。艾伦·D. 索卡尔（Alan D. Sokal）在备受推崇的期刊《社会文本》（*Social Text*，1996）上发表了一篇著名的恶作剧文章。索卡尔假装写的是量子引力，但提出荒谬的主张，列举错误的事实和歪曲的理论，挪用了大量从事社会学和科学文化研究的作者的论点，而且，他的整篇论文充斥着文化研究的术语。

> 没人发现我的恶作剧，发现时为时已晚——这证明了科学文化研究的那些东西已经变得如此相对，以至于什么人都能随便说点什么，还不用负任何责任！

> 索卡尔甚至还乱点我的鸳鸯谱！

← 本书作者

……科学解/建构

同时,科学文化研究的主要论点已被整合为以下定理:科学知识是被社会和文化建构起来的,而不是被发现的。

这些论断从根本上改变了我们对科学的理解,使得科学不可能恢复它以前的角色,即通往真理和文明的唯一途径——无论"科学大战"的结果如何。

技术文化理论

技术自主的思想观念是现代主义思想的核心。技术决定论认为技术进步与社会进步之间是线性因果关系。技术本身被认为是中立的，不受任何文化和意识形态的污染。这种想象加强了社会与技术之间的被动关系，导致我们无法提出批判性的问题。

技术文化理论提出了这些问题。它源自兴起于20世纪60年代的"科学、技术和社会研究"（Science, Technology and Society Studies, STSS），并发展出多种理论观点来阐述技术的社会和文化渊源。STSS的研究表明，技术会具体体现出促使其发展的社会和文化力量。

> 这些元素——包括生活方式、自然观念和思想体系——被编码或表现在具体的技术制品中。

> 一台电脑、一架超音速飞机或一台CD播放器都绝对背负着内在的文化和社会包袱。

"技术文化"一词本身就强调了技术与文化之间的深刻联系,并迫使我们认识到"技术"很少与"人"脱节。

内在于它(医学科技、加工食品),

相伴于(电话),

外在于也(卫星)。

有时候,我们寄居于它(一个带温控的办公空间);

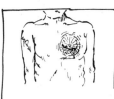

又或者,它寄居于我们(一个起搏器)。

有时候,它看着是个配件或假体(一副眼镜);

其他时候,人类看似充当了配件(就比如在流水线上)。

万事万物、此时彼刻都是复杂的。

技术时常"需要"我们;另一些时候则是我们"需要"技术。

迈克·梅瑟尔(Michael Menser)、斯坦利·阿罗诺维茨(Stanley Aronowitz)著,《技术科学与赛博文化》(*Techno-Science and Cyber-Culture*),1996年

技术文化理论——或技术文化研究——考察技术与人类之间的复杂关系,以揭示技术进步如何影响文化空间,以及谁在技术发展方面拥有社会文化和政治层面的特权。技术通常表现在神话的生产当中。这些神话通常都复制了统治和剥削的模式。举例而言,想想计算机技术的发展和网络空间的出现。光鲜亮丽的电脑广告将这些发展描绘成通往无限连接和信息娱乐的大门,电子民主的天堂就在不远处。技术文化理论揭示这些发展的黑暗面。

全球消费主义的噩梦……

一台电脑、日益严重的失业……

被监控和跨国公司统治……

网络空间不但不会迎来电子民主,反而可能将世界推向由心理战和企业封建主义构成的超现实混乱状态。

哈拉维的赛博格

唐娜·哈拉维（Donna Haraway）可能是最著名的技术文化倡导者。在她备受赞誉的著作《类人猿、赛博格和女人》（*Simians, Cyborgs, and Women*，1991）中——这本书对科学和技术提出了强有力的女性主义批判——她提出了赛博格的新概念。

动物与人类之间的界限已经被打破。在一个众声喧哗的时代，他者与自我正在合二为一。

有机体不再是知识体，而是生物组元，是一种信息处理装置。因此，我们来到了科幻小说与社会现实之间的新边界，即赛博格栖居的无人之地。

"赛博格"这个术语是美国科学家曼弗雷德·克莱恩斯（Manfred Clynes）和内森·克莱恩（Nathan Kline）在20世纪60年代提出的，指的是能够在恶劣的外星球环境生存的增强型人类。

赛博格被视为计算机控制的生物体，是生物和技术的混合。哈拉维把赛博格带回地球，将其定义为由特定的历史和文化实践打造而成的"怪物凯米拉（chimera），理论化和编造的机器有机体的混合物"，"后性别世界中的一种生物"。

> 赛博格不是虔诚的；它们并不重新组成宇宙。它们对整体论态度谨慎，却需要联系——看起来它们对统一的前沿政治有着天生的敏锐，却没有先锋政党。

哈拉维认为，我们现在都是赛博格，不妨准备好与机器建立结合在一起的亲属关系，也不要惧怕只拥有半个身份或持相互矛盾的观点。事实上，只要我们对技术的社会关系负责，我们就无须将其妖魔化，而是开始"重构日常生活的边界，这一任务与他者部分相关，与我们所有的组件相沟通"。

东方学

18和19世纪的欧洲帝国主义大部分终结于20世纪下半叶,许多殖民地于彼时获得了独立。帝国主义对臣服于它的人民产生了深远的影响。

它不仅夺走了我们的财产……

还改变了我们的文化,以及我们对自身的认知。

事实上,尽管殖民主义已经在形式上瓦解,但帝国主义仍然以多种形式存在。

胡安·希门尼斯-马丁,《后宫》（Juan Gimenez-Martin, *In the Harem*）

帝国主义存续至今天的特殊形式被称作"东方学",源自巴勒斯坦裔美国学者、知识分子和活动家**爱德华·萨义德**（Edward Said, 1935—2003）1978年出版的同名著作。东方学被认为是把西方知识和帝国主义连接在一起的"最伟大的叙事"。尽管东方学被视作一套有关表征的普遍理论,但它更加具体地讨论到了伊斯兰教和伊斯兰世界。

东方学在过去和现在如何影响西方对伊斯兰教和中东的看法？萨义德指出，在法国和英国扩大殖民地的同时，一套有关被殖民者的观念也在形成。在大量的学术和文学作品中，被殖民者被描述为低等的、非理性的、堕落的、幼稚的。萨义德指出：

关于东方的观念是在统治和服从的语境中形成的。东方人可以被统治者理解、定义、控制和操纵。

殖民主义的这些社会、政治、宗教、学术和历史背景产生了巨大且持久的影响。它反过来又被帝国主义所强化，同时也强化了帝国主义。此外，使得帝国和帝国的剥削成为可能的价值观不仅塑造了鲁德亚德·吉卜林、E. M. 福斯特和约瑟夫·康拉德（Joseph Conrad）等20世纪早期作家的小说，甚至还塑造了那些我们很少将其与帝国主义联系在一起的作家的小说，如简·奥斯汀（Jane Austen）、查尔斯·狄更斯（Charles Dickens）、托马斯·哈代（Thomas Hardy）和亨利·詹姆斯（Henry James）等人的作品。

事实上，没有帝国主义，就没有欧洲小说。

爱德华·萨义德

更具体地来说，萨义德对"东方学"的定义如下。

1. 通过一个地区的语言和文本来研究该地区的经典和传统。任何教授东方、书写东方或研究东方的人都是"东方学家"。萨义德担忧的是，这样的东方学仍然通过教条和学说延续着生命力，将"东方学专家"视为主要权威。

2. 第二个定义与此学术传统相关，指的是"一种思维方式，在大部分时间里，以'东方'和'西方'之间本体论和认识论意义上的区分为基础"。萨义德认为这是一种虚构和想象，创造出一套西方指责东方的修辞术。

3. 萨义德坚持认为，东方学总是"凌越于东方之上"。作为一种思维体系，"它总是从具体的细节上升到普遍的问题；对一位10世纪阿拉伯诗人的看法，会被人为提升为关于埃及、伊拉克或阿拉伯这些地方的东方人心性的普遍证据。同样，《古兰经》中的一首诗也会被视为穆斯林根深蒂固的纵欲倾向的最好例证"。

4. 最后，萨义德将东方学定义为"通过做出与东方有关的陈述，对有关东方的观点进行权威裁断，通过对东方进行描述、教授、殖民、统治等方式来处理东方的一种机制；简言之，将东方学视为西方用以控制、重建和君临东方的一种方式"。

东方学的先驱

爱德华·萨义德并非讨论西方眼中的非西方或提出东方学概念的第一人。在《东方学》面世的十多年前,叙利亚学者阿卜杜勒·拉菲特·蒂巴维(Abdul Lafit Tibawi)在他的专著《说英语的东方学家》(*English Speaking Orientalists*,1965)中也谈到了类似的问题。在《欧洲与伊斯兰》(*Europe and Islam*,1977)中,突尼斯历史学家和哲学家希沙姆·迪亚特(Hichem Djait)拿出了和萨义德非常相似的论点和证据,呈现欧洲对伊斯兰教的表述。马来西亚社会学家赛义杜·侯赛因·阿拉塔斯(Syed Hussain Alatas)在他的开创性作品《懒惰原住民的神话》(*The Myth of the Lazy Native*,1977)中指出……

我概述了从16世纪到20世纪,殖民列强如何塑造马来人、菲律宾人和爪哇人的形象,以及这些形象如何塑造殖民资本主义的意识形态。

在萨义德的《东方学》之前,很多其他作家——其中包括安瓦尔·阿贝尔·马利克(Anwar Abel Malek)、阿卜杜拉·拉鲁伊(Abdullah Laroui)、塔拉尔·阿萨德(Talal Asad)、K. M. 帕尼卡尔(K. M. Panikkar)和拉米拉·塔帕尔(Ramila Thapar)——也写出了令人敬佩的有关东方学的文本。

那么，为什么爱德华·萨义德成了名人，而蒂巴维、迪亚特、阿拉塔斯和其他人却在很大程度上遭到了忽视？一方面，这些作家的所在地很重要。蒂巴维在相对晦涩的伊斯兰研究领域工作。迪亚特用阿拉伯语写作，住在突尼斯——尽管他的作品先是被翻译成法语，后来又被翻译成英语。阿拉塔斯在新加坡，以第三世界的视角从事并不流行的社会学研究。

对萨义德的批评

萨义德住在纽约,他的理论卷入快速变得高度流行的文本理论领域当中。虽然他是在一个已有的传统中工作,但他带来了一种对**米歇尔·福柯**(Michel Foucault,1926—1984)——后结构主义思想史学家——的解读,让旧材料转向了一种新的普遍性:提出东方学是一套普遍性理论,讨论对全部非西方世界的所有表征。因此,萨义德的不同之处在于:所在地、流行、普遍性。

萨义德的方法得到的回应包括这样的指责,即他认为中东地区是个特例。

> 其他地区——例如非洲和亚洲——遭受同样的苦难。

> 他还将阿拉伯的所有弊病都归咎于西方。

> 他用纯粹的文学术语来审视这些问题,局限性太大,没有真正解决实际的问题。

还有一种批评拿萨义德的论点反过来抨击他:如果东方一直都是西方的客体,无法表述自身,那该由谁来表述呢?

对萨义德最尖锐的批评来自英国人类学家**欧内斯特·盖尔纳**（Ernest Gellner，1926—1995），他与萨义德长期争论不休，以及印度的马克思主义学者**阿吉兹·阿罕默德**（Aijaz Ahmad）。盖尔纳认为，某些东西是帝国主义的产物，并不意味着它就是错误的或不公正的；同样，某些东西是非殖民地的，并不意味着它就是正确的……

在他众议纷纷的著作《在理论内部》(*In Theory*, 1992)中, 阿吉兹·阿罕默德指责萨义德用双重标准对待欧洲人文主义传统。

萨义德拒绝了作为历史的人文主义, 因为东方学是这一传统的副产品, 但在呼吁抵制对非西方的刻板印象时, 他又诉诸这一传统。

在对待福柯以及他赖以展开分析的某些右翼作家时, 萨义德也持类似的双重且矛盾的标准。阿罕默德写道, 萨义德会"在一篇文章里写出前后矛盾的话!"最后, 阿罕默德还指责萨义德的原创性不强, 严重依赖许多写作者, 却从不表达自己对这些作者的感激或承认他们对自己作品的影响。

后殖民话语

《东方学》催生了一整个门类的批判性著作,被称为后殖民研究、后殖民理论和后殖民话语。"后殖民"这个术语的意思并非"殖民主义之后"。

后殖民话语分析的是,在前殖民地赢得独立之后,欧洲殖民主义的历史事实如何继续塑造西方和非西方之间的关系。

后殖民主义描述了非西方国家继续抵抗和重建的过程。

后殖民理论探讨压制、抵抗、种族、性别、表征、差异、错位和迁移等经验与历史、哲学、科学、语言学的主导性西方话语之间的关系。

印度女权主义者和属下研究小组的成员佳亚特里·查克拉沃蒂·斯皮瓦克被认为是最具颠覆性的后殖民主义批评家之一。她是一位积极的反历史主义者，也是雅克·德里达（Jacques Derrida）的译者。斯皮瓦克反对"霸权史学"，举例来说就是，从国家元首和英国行政官员的角度来看，印度历史是个连续的同质体。她的宗旨与其说是解构帝国历史，不如说是摧毁关键的历史推论本身。

斯皮瓦克想在全新的空间中重新定位非西方话语，在那里，异质性是常态，一种新的"世界建构"得以诞生。

佳亚特里·查克拉沃蒂·斯皮瓦克

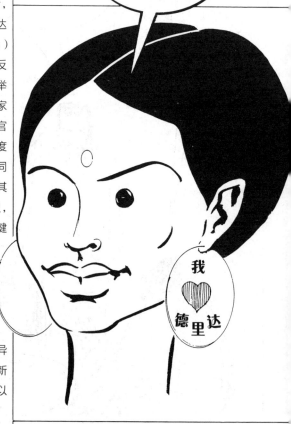

第三世界是西方的发明，它将非西方文化，以及西方如何看待和对待非西方文化，禁锢在一种帝国的表征当中。

我♥德里达

此外，对斯皮瓦克来说，激进的批评往往复制了帝国主义的假定。当西方女权主义者坚持提倡个人主义，并将女权主义说成是必要的和好的，她们就是在不自觉地复制帝国主义的价值观。

斯皮瓦克还反对心甘情愿地接受永恒的*差异*。那些将差异浪漫化的人犯了一种反转过来的种族中心主义的错误。

对原住民的崇拜也是一种西方幻想，即认为他们是善意的保有者，携带着探究不尽的信息。

这个过程也剥夺了非西方文化创造自己世界的机会。

霍米·巴巴

英国黑人学者**霍米·巴巴**（Homi Bhabha）用精神分析学解读殖民主义的历史现象。他认为，殖民主义的话语有一种内在的心理张力，这股张力使得殖民者和被殖民主体之间的关系始终是矛盾的。

去个体化的、错位的被殖民主体因而成为一个"难以估测的客体"，始终很难将其定位。

因此，殖民权力的本质破坏了其自身的权威，悖谬的是，它还可以为本土的抵抗提供方法。

甚至是被殖民列强留下来，在前殖民地继续工作的，被灌输教育的当地人，也揭示了殖民话语的矛盾性。就比如，在印度，英国人留下了一整个阶层，即棕色皮肤的英国人。

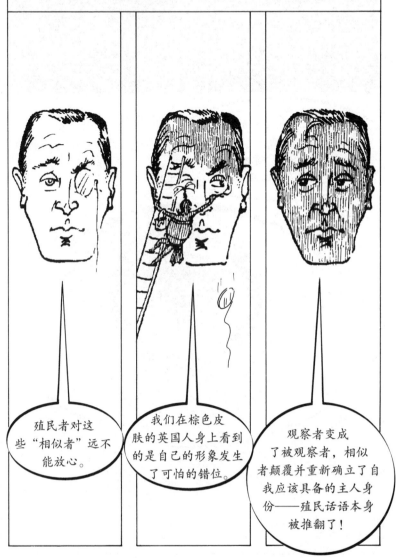

殖民者对这些"相似者"远不能放心。

我们在棕色皮肤的英国人身上看到的是自己的形象发生了可怕的错位。

观察者变成了被观察者，相似者颠覆并重新确立了自我应该具备的主人身份——殖民话语本身被推翻了！

巴巴进一步断言，自由民主主义或马克思主义的历史主义无法应对文化的多样性。它们的普遍化和历史化倾向让文化的多样性变得不可见且晦涩。无论如何，不同的文化是"不可通约的"，不能被归类到普遍主义的框架之中。为了反对这种对文化的遏制，巴巴寻求的是——正如他的书名《文化的位置》(*The Location of Culture*，1994) 所提出的——"第三空间"。这个新的空间具有"混杂性"。混杂性不仅取代了创造它的历史，而且建立了新的权威结构，产生了新的政治倡议。

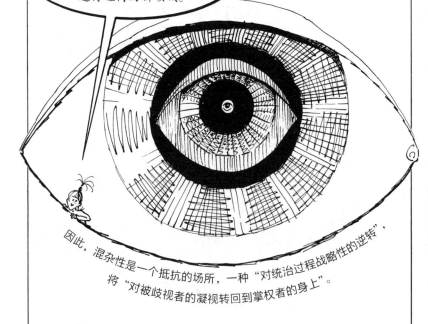

文化混杂的过程产生了一些不同的东西，一些无法识别的新东西，一个意义与表征进行磋商的新领域。

因此，混杂性是一个抵抗的场所，一种"对统治过程战略性的逆转"，将"对被歧视者的凝视转回到掌权者的身上"。

萨拉·苏莱里

后殖民主义批评家**萨拉·苏莱里**(Sara Suleri)是巴基斯坦和威尔士混血,她挑战了区别对待西方和非西方作家作品的殖民主义话语惯例。在她强有力的论证研究著作《英伦印度的修辞》(*The Rhetoric of English India*,1992)中,她断言,殖民作家和被殖民作家沆瀣一气,制造出主导性的叙事。**萨尔曼·鲁西迪**(Salman Rushdie,生于1947年)和 **V. S. 奈保尔**(V. S. Naipaul,1932—2018)这样的作家都未能幸免,受惑落入一套奇怪的信仰体系。

> 文学某种程度上可以将他们从殖民意识中拯救出来。

鲁西迪

奈保尔

她提出了"英伦印度"的概念,以强调殖民历史和后殖民历史之间没有区别,并阐明了"英统"与现代印度之间的连续性。

种族与身份

种族、身份和差异的概念是文化研究的核心。人们现在普遍认为,"种族"是一个社会建构的概念。

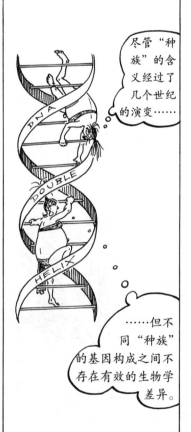

尽管"种族"的含义经过了几个世纪的演变……

……但不同"种族"的基因构成之间不存在有效的生物学差异。

文艺复兴之后,特别是伴随欧洲工业化和殖民化的进程,种族主义已发展成一套意识形态和伪科学学说。种族主义成为普遍现象。非欧洲人民遭到鄙视,低人一等,被视作只要有机会就可大肆剥削的对象。

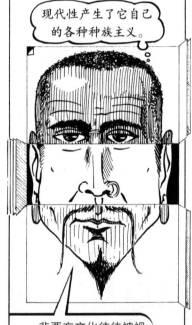

现代性产生了它自己的各种种族主义。

非西方文化往往被视为发展的障碍,这导致了一种种族主义的诞生,即抵制那些"现代性的局外人"或反现代的人。

多元文化主义及其批判者

多元文化主义是一个普遍的概念,用以描述和谐多元生活中的不同种族。它提出,多元性是身份的多元性,是"人类的存在条件"。这个多元主义框架视身份为习俗、实践和意义的集合,一份持久的遗产,一套共同特征和经验的产物。

作为一种理解多样性的方法,多元文化主义曾遭受严厉批评。

我们需要一个巨大的熔炉!

多元文化主义的缺点之一是,在讨论身份时只考虑种族。

很少考虑阶级、宗教或性别。

因此,"种族"遮蔽了很多重要议题。

多元文化主义倾向于复制"莎丽服、咖喱角、钢鼓乐队综合征"——也就是说,它关注的是文化的表面现象,并赋予其异国情调。它并非根据文化自身,而是根据其与英国文化的"不同"程度来看待不同的文化。

多元文化主义的批评者认为，身份是由权力关系构成的。人的身份往往是在与外人——他者的关系中被定义的。西方通过小说、戏剧、绘画、电影、电视纪录片、音乐和摄影来表征种族，创造了种族的身份。

小可爱，亲爱的，你能让自己看起来再黑那么一丢丢吗？

因此，种族身份在很大程度上是一种"社会想象"，它将不同的文化群体划分为"想象的群体"，通过关于领土、历史和记忆的文学、视觉叙事把这些群体联系在一起。

亚裔英国社会学家**阿里·拉坦西**(Ali Rattansi)认为，在种族主义文化中，*种族身份被种族主义化了*。当流行的或专门的生物学话语与宗教等文化标志相结合，将"形成、融入与排斥、歧视、劣等化、剥削、言语侮辱和身体侵犯及暴力等与主体相关的事项合法化"，种族主义化的情况就会出现。他指出，族裔和种族主义化的身份总是多重的、矛盾的，并且表现出含混性的特点。

拉希德·阿拉恩（Rasheed Araeen，生于1935年），亚裔英国艺术家

我可以说我是亚洲人、印度人、巴基斯坦人、英国人、欧洲人、穆斯林、东方人、世俗主义者、现代主义者、后现代主义者……但所有这些意味着什么？它们定义了我的身份吗？我可以接受所有这些作为我生活的一部分，还是我必须根据别人对我身份的看法来做出选择？我可以毫不犹豫地说我是上述所有这些，但也许我同时哪个都不是。

康奈尔·韦斯特

非裔美国知识分子**康奈尔·韦斯特**（Cornel West，生于 1953 年）提出，身份与归属感相关——渴望归属感，渴望拥有安全和保障。但身份也与死亡有关。人们愿意为它而死，有时候，正是这样的想法构建了身份。

> 我们终有一死，因此，我们想出了赋予自己意义的方法。

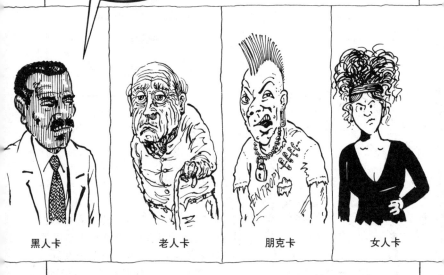

黑人卡　　老人卡　　朋克卡　　女人卡

身份把人与人联系在一起，但也总是被"封闭、狭隘、排外"的观念所禁锢。

但身份也与资源以及为分配（或不分配，视情况而定）资源而创造的系统有关。韦斯特举了一个例子，工人阶级背着沉重的税负，作为一个群体被剥削，他们拿黑人和妇女当替罪羊。韦斯特断言，很多"关于身份的对话"通常是讨论受害者的。

> 开个关于种族的讨论会？把黑人带过来。我们不想邀请白人种族主义者，这样黑人就可以把白人种族主义者的内部动态揭露出来了。

儿童卡

工人卡

亚裔卡

暗黑偏执狂卡

韦斯特坚持认为，我们必须从各个角度讨论身份，而且在考察白人、男性和异性恋的角色时，我们也必须纳入黑人或同性恋的角色。

贝尔·胡克斯 *

非裔美国作家**贝尔·胡克斯**（bell hooks）——没错，不大写——强调身份与政治斗争之间的直接联系。她批评那些认为文化身份"土里土气"的人，后者觉得这是一种政治退缩的苗头。

> 为黑人身份而斗争，这是对政治实践的实际介入，也是促成变革的努力。

她认为身份不是一种约束，而是"一个人在构建激进黑人主体性的过程中所经历的阶段"，因而除了同化、模仿或反叛，也会出现其他情况。

---

* Gloria Jean Watkins 的笔名，为了与其外曾祖母的名字区分开来，她的笔名使用小写字母。——译注

美国黑人感受到深深的疏离感和无力感，这导致他们渴望变革——可以重振黑人解放斗争的变革。

但是，重振需要拓宽目前非常狭隘的黑人身份观念。必须认识到这些观念真实的复杂性和多样性。胡克斯相信，黑人文化批评能带来改变。然而，令她感到遗憾的是，尽管有大量的黑人女性撰写通俗和文学小说，但黑人女性批评家却鲜少有之。

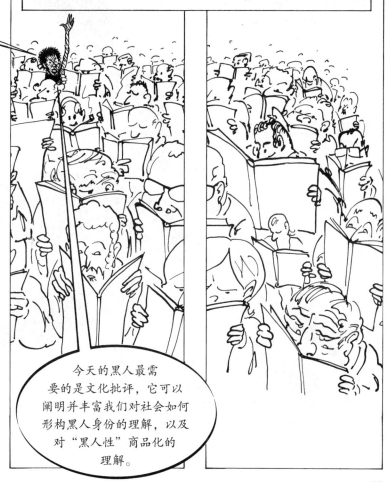

今天的黑人最需要的是文化批评，它可以阐明并丰富我们对社会如何形构黑人身份的理解，以及对"黑人性"商品化的理解。

小亨利·路易斯·盖茨

什么是黑人文学？什么是黑人批评？**小亨利·路易斯·盖茨**（Henry Louis Gates, Jr., 生于1950年）专注于对这些问题的研究。如果黑人批评家使用的是起源于美国的文学理论，他们是否就陷入了危险的境地？这是一种知识奴役的形式吗？盖茨问道，对这些理论的使用是否会损害、侵犯或破坏原初的黑人文本？或者，黑人文学无论如何都会保持"纯粹"？

> 一些黑人批评家认为，黑人音乐和舞蹈要比模仿欧美文学传统的黑人文学更"纯粹"。

> "黑人性"并不作为某种神话和神秘的绝对而存在，并非一个精妙且崇高的实体，仅有黑人才能理解和解码它的文本。

这些"意识形态阴影"对黑人文学的笼罩长达两个世纪。

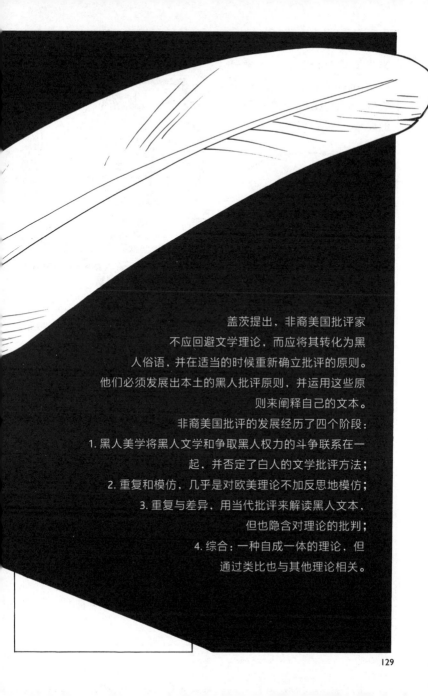

盖茨提出，非裔美国批评家不应回避文学理论，而应将其转化为黑人俗语，并在适当的时候重新确立批评的原则。他们必须发展出本土的黑人批评原则，并运用这些原则来阐释自己的文本。

非裔美国批评的发展经历了四个阶段：

1. 黑人美学将黑人文学和争取黑人权力的斗争联系在一起，并否定了白人的文学批评方法；
2. 重复和模仿，几乎是对欧美理论不加反思地模仿；
3. 重复与差异，用当代批评来解读黑人文本，但也隐含对理论的批判；
4. 综合：一种自成一体的理论，但通过类比也与其他理论相关。

盖茨提出的黑人自己的文学史取材自名为"话里有话"[signifyin(g)]的黑人修辞策略，完全源自"话里有话猴"的故事。"话里有话猴"这个形象是……

"……世俗社会的埃苏神（Esu-Elegbara），约鲁巴人信仰的诡骗之神，真正意义的泛非地区之神，附身于古巴人、海地人和巴西人，和西方的信使赫耳墨斯最为相近。"

正如我，赫耳墨斯，负责阐释，埃苏也有阐释的魔法，**埃苏－阐释者**（Esu-tufunaalo）。

"话里有话"是一种独特的黑人修辞概念，第二种陈述或人物会重复、比喻或颠倒第一种。这种修辞可以构建互文性的形象，使得批评家能够理解文学的修正，而无须参照欧洲的主题和观念。

离散

离散,源自希腊语,意为"分散"。就其基本形式而言,离散指的是在流亡中生活的少数族群。它与家的概念不可分,人们是自那里迁移,踏上艰苦的旅程,开始他们面对经济或政治困境的历史。最著名的离散当然就是犹太人。

> 自公元前6世纪巴比伦将我们囚禁为奴之后,我们就一直在流亡中生活。

> 在近年来的历史中,广受关注的是离散在美国的巴勒斯坦人。

> 如今,人们离散在世界各地。就比如,我们是生活在英国的非裔加勒比人。

> 我们是生活在美国的南亚人。

> 大量来自非洲的难民在能落脚的地方生活了下来。

每个群体都有自身的历史经验和问题。

离散空间

离散者的生存伴随着很多张力。在建造新家园的同时，永远都有对"故乡"的渴望。在多数人与少数人之间存在着权力的张力，在旧（本土）身份与新（通常是全球）身份之间存在着张力。离散的知识分子是异国他乡的"本地人"，同时又为居住在故土的本地人代言。这些张力产生了"离散空间"，在这个空间里，融合与排斥、归属与他者、"我们"与"他们"之间的界限存在争议。

> 但作为一个概念范畴，离散空间里不仅"居住"着移民，还居住着那些留守在原地，被构建和表征为"土著"的人。

> 在离散空间中，本地人成了离散者，一如离散者成了本地人。

阿夫塔·布拉（Avtar Brah，英国亚裔社会学家）

正如英国黑人社会学家保罗·吉尔罗伊（Paul Gilroy）所说的，黑人离散者已经被民族主义和文化差异的绝对主义观念压垮。在学术界，黑人经典的构建完全是按照国家来划分的：非裔美国人的、英语国家的和加勒比地区的。

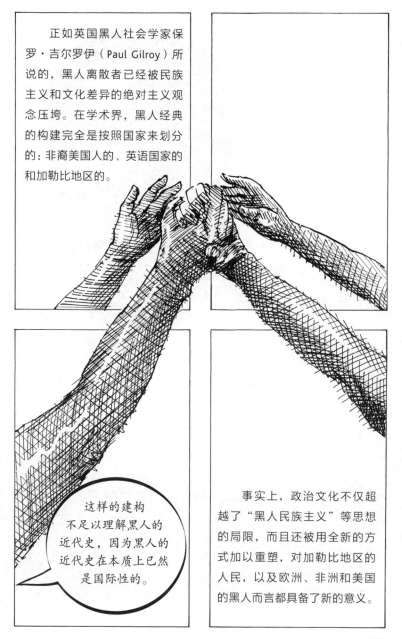

这样的建构不足以理解黑人的近代史，因为黑人的近代史在本质上已然是国际性的。

事实上，政治文化不仅超越了"黑人民族主义"等思想的局限，而且还被用全新的方式加以重塑，对加勒比地区的人民，以及欧洲、非洲和美国的黑人而言都具备了新的意义。

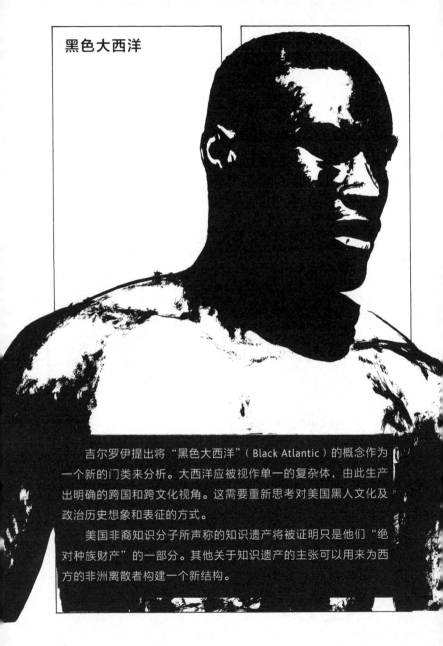

黑色大西洋

吉尔罗伊提出将"黑色大西洋"（Black Atlantic）的概念作为一个新的门类来分析。大西洋应被视作单一的复杂体，由此生产出明确的跨国和跨文化视角。这需要重新思考对美国黑人文化及政治历史想象和表征的方式。

美国非裔知识分子所声称的知识遗产将被证明只是他们"绝对种族财产"的一部分。其他关于知识遗产的主张可以用来为西方的非洲离散者构建一个新结构。

离散海外的知识分子如何抵制主流文化的霸权？美国华裔英语教授周蕾在香港长大，身处"离散地与故乡的交界处"，她提供了一份个人的答案。

"香港的历史导致香港人倾向于采取一种'边界的'或'寄生的'做法——认同'中国文化'但与政权疏远；反抗殖民主义又不希望香港的繁荣遭到破坏。持续且完整的体制化教育优势——即使这种教育是英国殖民式的和美国的——意味着……我一直都是'属下'。尽管我的'个人'历史是以各种形式的他者写就的，但这种他者性，如果与我的教育背景相结合，就并非受害者的他者性，而成了一种特殊社会权力的他者性，使我能够运用敌人的工具来说话和写作。"

周蕾，《书写离散》(*Writing Diaspora*)，印第安纳大学出版社，1993年

女人和性别

"性别"(gender)有两个含义。第一,它与"性"(sex)相对,指的是与生物决定相对的社会建构。第二,它指的是与男女二分相关的所有社会建构。当女权主义者意识到社会不仅影响人格和行为,也影响身体外显的方式时,第二种含义便应运而生。

如果社会阐释影响我们的身体观念,那性就并非与性别无关,而只是一种性别技能。

我们可以在文化中就性别在社会中的约定俗成提出质疑。文化意识形态和机制强化了男性和女性的二元对立。女人在文化生产（作为艺术家、作家、赞助人和文化机构的成员）中的地位，以及女人在主流文化表征（就比如文学和视觉艺术，这些领域明显地表现出性别的建构意涵）模式中的地位，对这一点表现得尤为突出。

女人有异议

20世纪六七十年代,当女权主义开始崭露头角时,大多数女权主义者将性视为性别构建的基础。性和性别是不同的。这一立场的好处之一是,它使得女性能够既强调彼此之间的共性,又假设差异的存在。

身体被看作共同的桌子,不同的社会可以在上面施加不同的行为或人格规范。

20世纪70年代末,女权主义与文化研究正面交锋。或者用斯图亚特·霍尔的话来说……

……它就像夜里的小偷,闯了进来;它打了个盹,发出不合时宜的声音,抓住时机,在文化研究的桌子上拉了坨屎。

在《女人有异议》(*Women Take Issue*, 1978)一书中,妇女研究小组(Women's Study Group)抨击了文化研究中的男性和中产阶级偏见。

20世纪80年代初,女权主义本身因其"异性恋主义"遭到了女同性恋者的质疑。

20世纪80年代末和90年代初,黑人和非西方妇女进一步攻击女权主义,质疑其欧洲中心的视角。

对这些事件的一种解释是,女权主义分裂了。

或者,我们也可以说,各路女权主义各有不同。

从文化研究的角度来看，女权主义文化政治可以大致分为（至少）五个彼此有争议的类别。

1. 女权主义自由政治强调在如就业、教育和育儿等领域享受平等和机会的重要性。

> 我们强调女性的个性，而不关注她们与男性的差异。

2. 以妇女为中心的文化政治则特别强调女性差异。

> 我们的各种文化政治旨在从妇女的角度重写妇女的历史。

3. 马克思主义女权主义者认为，性别是一种文化现象。她们不认为妇女文化实践的差异标志着两性之间的本质差别。

> 她们从这些差异如何助益资本主义来解释性别差异。

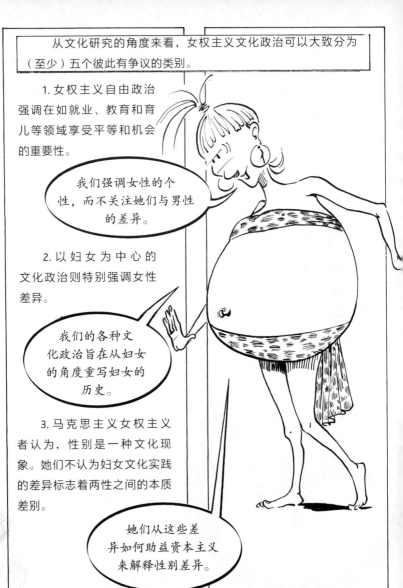

前三个类别都保留了男女的生理差异。下面两个类别则有意模糊这一点。

4. 在后现代女权主义中，性别和种族并没有固定的含义。每个个体都被视作是一个集合体，由一系列现有的主体性模式中的要素构成。这些要素即便本身可能是矛盾的，但适用于不同的语境。没有谁天生是男性或女性。女性气质和男性气质是社会建构，是争夺意义的政治场所。

后现代女权主义者对创造或重新发现"真正的"女性表达方式不感兴趣，而是致力于彰显出性别的社会构建所牵涉到的权力关系。

这种方法受到自由主义的、以妇女为中心的、马克思主义女权主义者的攻击，她们认为前者破坏了女权运动的基础，削弱了妇女的团结。后现代主义者则回应说，她们的方法为各种声音的表达以及新的身份阐释提供了空间。

5. 黑人和非西方女权主义者关注种族主义和殖民主义，并视其为理解性别关系的工具。对黑人妇女来说，种族仍然是压迫的最主要形式。

因此，非西方女权主义植根于种族主义和帝国主义的历史，去认识现代国家在延续这些历史中所发挥的作用，并辨别非西方社会和群体内在的差异、冲突和矛盾。毫不奇怪的是，以西方女权主义为标准，把非西方女权主义者说成是受害者，这受到"第三世界"女权主义者的强烈抨击。

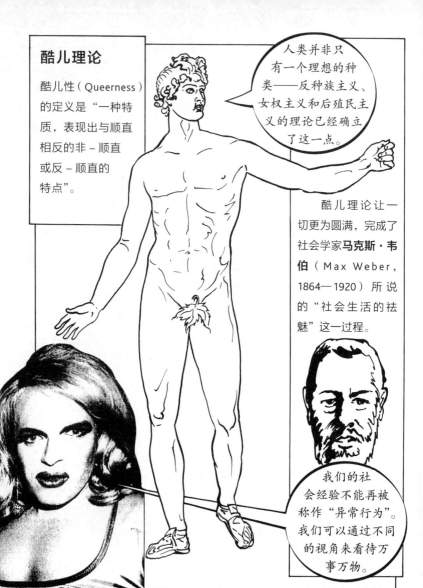

酷儿理论

酷儿性（Queerness）的定义是"一种特质，表现出与顺直相反的非-顺直或反-顺直的特点"。

人类并非只有一个理想的种类——反种族主义、女权主义和后殖民主义的理论已经确立了这一点。

酷儿理论让一切更为圆满，完成了社会学家**马克斯·韦伯**（Max Weber, 1864—1920）所说的"社会生活的祛魅"这一过程。

我们的社会经验不能再被称作"异常行为"。我们可以通过不同的视角来看待万事万物。

欲望和性变得和种族、性别或阶级一样重要，而且都是社会和文化基本进程的症候。恐同症变得和种族主义或阶级仇恨一样丑陋。

酷儿理论旨在通过分析异性恋/同性恋的对立,将重点从少数族群转移到文化层面,从而重新思考身份的类别和策略。

家庭、国家、个体和"天生的同性恋者"等等这些类别就是上述二元结构的产物。

这种二元编码被认为是一种知识的类别:一种定义和组织自我、欲望、行为和社会关系的方式。

酷儿理论分析了文本和社会实践中的这些编码,揭露它们,并以一种新的性的状况和社会状况取代它们,这种状况超越了异性恋/同性恋的二元对立,并颂扬社会的差异。

同性恋的表征

从古至今，不同的性行为一直存在。

同性恋者为西方文化的发展做出了宝贵的贡献。历史上有很多同性恋思想家和作家……

苏格拉底

柏拉图

荷马

如果有我这人的话！
……

奥斯卡·王尔德

马塞尔·普鲁斯特

直到19世纪末，人们才根据人的性取向以及性别来定义男人和女人。

这个定义几乎是20世纪所有表征形式的核心。

弗吉尼亚·伍尔夫

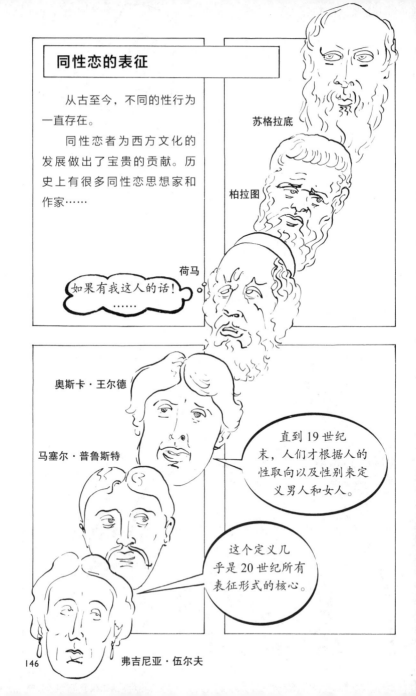

挑战表征

酷儿文化的出现对抗了这种表征。它的发展分为三个阶段。同性恋知识分子的文化风潮是第一个阶段,从 1968 年持续至 1975 年。在这一阶段,人们对同性恋有两种看法。

一种认为同性恋是"二级"心理障碍,影响了一部分人。

一种认为同性恋是正常的欲望,不同程度地存在于每个人的内心。

同性恋政治主要关注民权和社会同化问题。

第二个阶段从 1975 年持续至 20 世纪 80 年代中期。这是"群体构建"的阶段,也是同性恋运动的政治化时期。美国社会的容忍度日益提高,使得新的同性恋知识分子得以出现。

第三个阶段始于 20 世纪 80 年代中期,当时,艾滋病的流行和新右翼领导的反同性恋浪潮粉碎了人们的幻想,不再期待一个宽容和理解的时代。这反过来又促使激进的对抗性政治重新抬头。

强烈的反同情绪被认为是证明了同性恋文化已经成功地跻身主流。

这种成功在同性恋时尚的营销中表现得很明显。

报纸和杂志中有大量专栏专门介绍同性恋的兴趣爱好。

还有学术出版社输出的同性恋文化。

人们感到需要一种批判理论，将对同性恋的肯定与广泛的制度变革联系起来。于是就有了酷儿理论，它进入大学，并主要在这一场域展开同性恋话语。

媒介与文化

我们今天生活在一个多媒体的世界。"多"不仅体现在以极快的速度向我们袭来的各种信息符号系统和话语类型上，还体现在媒体的实际形式上。我们通过它们寻求信息和娱乐——或者说"信息娱乐"。

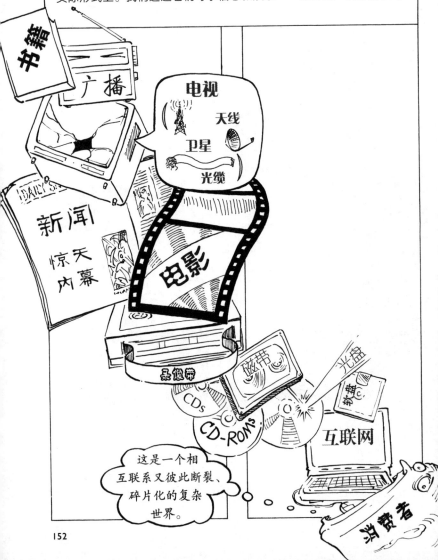

媒体行业有四个基本组成部分，对信息和产品进行包装。

✂ 信息或产品本身。

☎ 吸收信息、消费产品的受众。

✿ 不断变化的技术，塑造了行业和信息的传播方式。

✠ 以及，产品的最终外观。

> 这些组成部分在周遭的社会和文化世界中同时相互作用，占据了一个不断被争夺的空间。

> 这个空间不断变化的轮廓会产生不同的支配和表征模式。

电影和电视有自己的语言，表现为独特的句式和语法。

这种语法包括一些熟悉的元素，如剪辑、特写镜头、双人镜头、远景、放大、缩小、淡化、渐隐、慢动作、降格和特效。

但这种语言也包括更加微妙的表征编码，从表面的视觉表现到最抽象和最任意的符号和隐喻，都极为复杂。

最简单层面的表征无非就是描绘"现实世界"的信息——一个人走在大街上。但是，如果你想要更多的内容，就需要电影语言发挥作用：展示他的面部特写，他走向相机的正面镜头，他远离相机的背对镜头，展示他周围环境的远景镜头，等等。组合式的表征会将所有这些不同的镜头编辑为一个连续镜头（sequence）。因此，*连续镜头是移动影像的基本元素。*

媒介编码

媒介编码可以被内化为心理表征的形式。因此，人们可以，而且经常通过移动影像来思考，画面中会有闪回、快慢动作，渐隐进入另一个时间、另一个地点。但这些编码也可以出现在隐晦的广告当中。

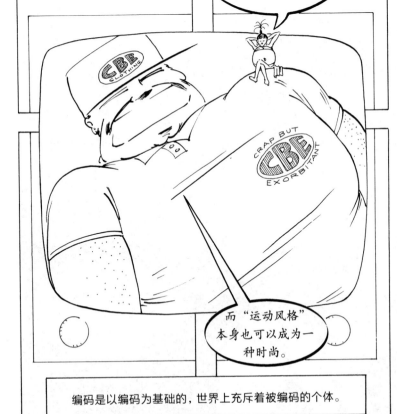

体育明星在电视节目上穿的品牌衬衫能够鼓励观众购买"运动风格"的产品。

而"运动风格"本身也可以成为一种时尚。

编码是以编码为基础的，世界上充斥着被编码的个体。

但无论一切看起来多么自然，也都是社会和文化的建构。举例来说，电视新闻，尽管是即时的，也是社会建构出的庞大内容。

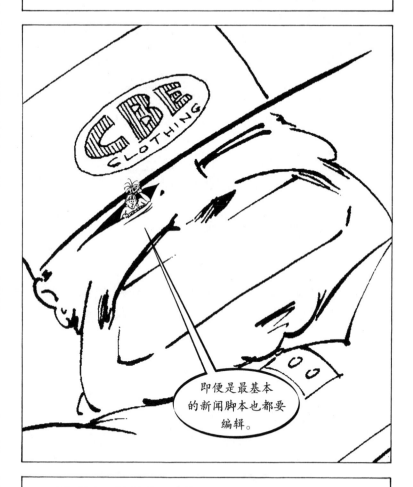

即便是最基本的新闻脚本也都要编辑。

甚至就连"现场连线"，也就是"我们的记者"从现场发回的报道，也可能是在总部制作好再返给记者的，记者只是在读提词器而已。所有新闻都是对社会现实的专业建构。

表征的基本问题

从种族和文化的角度来看，我们需要问的是，对文化现实的描述怎么好，怎么有说服力。这涉及三个基本问题。

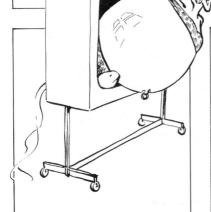

第一，是包容的问题。

媒体报道和产品是否包括了不同种族群体的形象、观点、背景和文化？

第二，媒体如何表现不同的文化群体？殖民主义和现代主义历史中形成的所有种族和文化成见都会对此产生影响。

第三，在塑造最终产品的过程中，来自不同文化群体的人扮演什么角色——在生产过程中，他们有怎样的控制权？

全球化

在一个全球性的多媒体世界中,所有文化都有权得到忠实且受尊重的再现,这一点更为重要。但是,没有抗争,就不会有可靠的表征,也没有足够的途径。

> 市场机制往往有利于旧的刻板印象和陈词滥调周而复始地从中获利,并威胁到多元化的表征。

而全球网络越来越倾向于维护他们大本营的利益——尤其是美国和英国,这就意味着西方占统治地位,较小的贫穷国家在从属地位,这一状况将长期维持下去。所谓的**"全球化"**就是把世界转变为众所周知的"地球村",迅速缩短距离,压缩时空的过程。

全球化正在如火如荼地展开，表现为三个重要的趋势。

1. 在共产主义遭遇挫折之后，始于 20 世纪 80 年代的经济自由化浪潮席卷全世界。市场摆脱了所有国家的限制，资本如今可以轻松地跨越国界流动。跨国公司可以从一个国家转移到另一个国家，以寻求廉价劳动力和免税待遇。

全球化意味着单个的消费品，如电脑，实际上可能在几个不同的地方分部件制造，再在另一个地方组装起来。

主导大多数国家经济的，是对生活方式的选择。消费正在取代生产，成为核心的经济活动，私有化正在成为常态。

2. 从东欧到非洲的各种文化广泛接受了自由民主，同时，它还有相关的象征性意涵：尊重人权、环境保护、世界主义等等。

同时，在全球资本面前，国家权力本身已经萎缩。领土边界变得难以维持，法律法规难以执行。

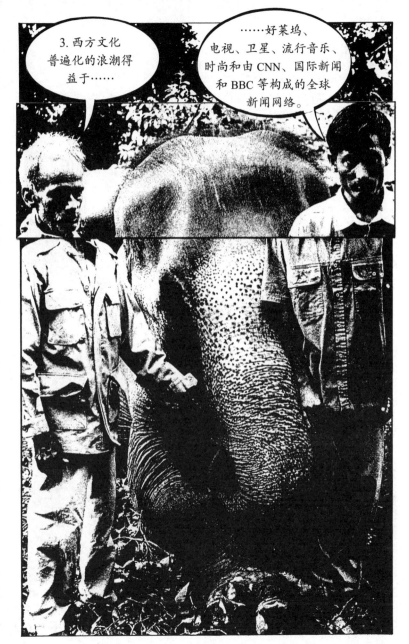

全球化的后果

全球化往往维系着众所周知的西方经济和文化帝国主义模式。它推行的是一套占主导地位的文化实践和价值观——一种以牺牲所有其他的生活方式为代价的生活愿景。而且，它带来了严重的实际后果。

它侵蚀了非西方的地方传统和文化习俗。

它往往扼杀了当地的电影和电视产业，而这些产业对于促进本土文化发展是非常重要的。

它导致大量的人流离失所，离开他们在亚洲、非洲和拉丁美洲的家园，来到西方，成为难民或劳工移民。

但全球化不是一个单向的过程。它不是一个被西方牢牢掌控的经济和文化过程。东南亚极具竞争力且先进的经济体的出现，就在很大程度上要归功于全球化。非西方文化也反过来影响西方（尽管程度不同）。

例如，印度音乐在全球范围内的出现，正在改变西方的音乐品味。

* 齐柏林飞艇乐队的著名歌曲《天国的阶梯》。——译注

抵制全球化

全球化也遭到抵制。例如,亚洲的知识分子网络不仅组织基层运动从各个方面反对全球化,还抨击其真理论原理。东南亚的"亚洲价值"辩论引发了对自由民主作为全球统治形式的质疑。马来西亚知识分子钱德拉·穆扎法(Chandra Muzaffar)攻击了人权的概念,认为它是西欧帝国主义进化出的最高形式。

> 西方自由人文主义的人权(human rights)概念实际上是[正如我在书中(*Human Wrongs*,1996)所说的]"**人误**"。

和穆扎法一样,许多非西方知识分子拥抱一种有关人类尊严的话语,其出发点是食物权、住房权、基本卫生设施以及对自我身份和文化的保存。

亚洲文明的出现可能会破坏全球化本身。这是马来西亚政治家和知识分子安瓦尔·易卜拉欣（Anwar Ibrahim）在《亚洲复兴》（*The Asian Renaissance*，1996）中提出的观点。

亚洲复兴可能让东西方得以共生，以"**全球融合**"取代全球化。

也就是说，不同宗教和文化背景的人在一起生活，这样的体验更加和谐和丰富。

因此，全球的未来要比我们在全球化进程中看到的更为彻底地开放。

文化研究何去何从?

一开始的时候,文化研究是一个异见的知识传统,不属于学术界,致力于揭露所有文化形式中的权力。但它现在已经成为一门学科,成为学术机构及其权力结构的一部分。

只有在印度次大陆,文化研究仍然作为一个高度多样化的独立知识运动在发挥作用。

由于被知识产业成功驯化,文化研究已经变得太抽象、太技术化了,脱离了人们的生活和现实,而它正应该为这些人赋权,并制定为他们争取利益的抵抗和生存策略。

它的无定形特征意味着，我们几乎可以视任何东西为"文化研究"。它好像几乎没有质量控制。此外，文化研究的某些分支似乎正在走向平庸。研究流行文化是一回事，将垃圾浪漫化并赋予其学术尊重又是另一回事。对音乐录像带、流行文化和青年时尚毫无意义的"文本批评"正在破坏文化研究的重要性，颠覆该领域已经取得的突破性成就。

文化研究为幼稚的西方文化提供合法性，这对第三世界社会产生了不利的影响。

在像德里和台湾这样遥远的地方，令人尊敬的社会科学家花费时间研究、教授和捍卫着西方的垃圾，牺牲了他们自己丰富的文化遗产。

因此，英国中心主义的文化研究出口他国，重走英国殖民主义的路线，并在这些地方重建了帝国。

文化研究的拥护者不应该替它说话，提出无法证实的主张。

文化研究不是一种意识形态。它不是一种宗教。

它并不给追随或使用它的人提供意义和方向。

它没有，也不可能教我们如何过上美好的、有道德的生活。

它能做的就是帮助我们理解文化权力的机制，并找到抵制它们的方法和手段。没别的了。

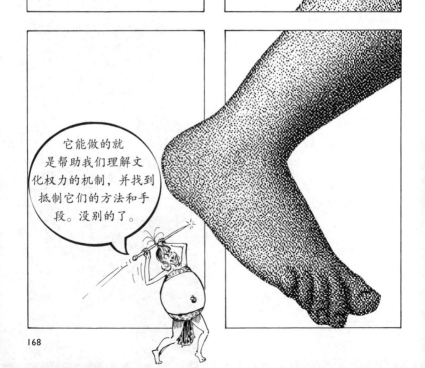

作为一门学科，文化研究正面临着失去其内核的危险。

它可以只是融入另一门学科，如社会学、人类学或心理学。但这将是一个巨大的耻辱。然而，作为一个总称，文化研究囊括了各种争议不休的知识工作，揭露了权力的无处不在，它理当拥有一个美好的未来。

作为一场异见运动，文化研究可以对意料之外的、未曾想象的、未能预估到的可能性保持开放，尤其是那些来自西方之外的可能性。

而且，只有作为一场真正的异见知识运动，文化研究才能通过各种各样的形式实现它最初的承诺。

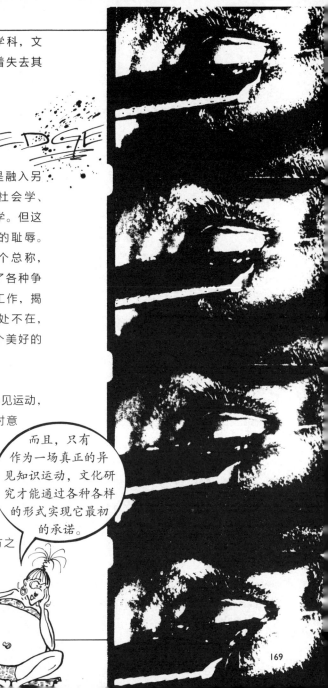

延伸阅读

文化研究的文献资料素以浩繁纷杂、深奥晦涩、陈腐老套为人所知。但其中不乏重要的好书。此处为独具慧眼之人简单列举一二。

一些文化研究的通识读物虽说有些厚重,但却出奇地好。最好的一本是由 Lawrence Grossberg、Cary Nelson 和 Paula Treichler 合编的 *Cultural Studies* (Routledge, London 1992)。

必读书目包括英国"开山鼻祖"的著作,这些书无可替代:Richard Hoggart, *The Uses of Literacy* (Penguin, London 1958);Raymond Williams, *Culture and Society 1780-1950* (Penguin, London 1966, 初版于 1958 年);以及极具开创性的 E.P. Thompson, *The Making of the English Working Class* (Penguin, London 1978, 初版于 1963 年)。斯图亚特·霍尔的学生和朋友们对他的思想和在"文化研究的批判性对话"中度过的一生进行了高度抽象的介绍,*Stuart Hall* (Routledge, London 1996)。

在 *British Cultural Studies* (Routledge, London 1990) 一书中,Graeme Turner 就英国文化研究做了非常精彩的介绍。在 *French Cultural Studies* (Oxford University Press, Oxford 1995) 一书中,Jill Forbes 和 Michael Kelly 就法国文化研究提供了精彩的指引。在 Valda Blundell、John Shepherd 和 Ian Taylor 合编的 *Relocating Cultural Studies* (Routledge, London 1993) 一书中,他们就加拿大文化研究的问题进行了极具价值的讨论。由 John Storey 编辑的 *What is Cultural Studies?* (Edward Arnold, London 1996) 一书收入了多篇关于美国和澳大利亚文化研究的优秀论文。

如果想对路易·阿尔都塞了解更多,可以阅读 *Reading Capital* (New Left Books, London 1970) 一书,或是更为易读的 *For Marx* (Penguin University Books, London 1969 或 Vintage Books, New York 1970)。James Joll 在 *Gramsci* (Fontana Modern Masters, London 1977) 中就安东尼奥·葛兰西的思想做了很好的简述。但也应该尝试阅读安东尼奥·葛兰西本人的著作,*Selections from the Prison Notebooks* (Lawrence & Wishart, London 1971)。

阿希斯·南迪的出众才华在 *The Intimate Enemy* (Oxford University Press, Delhi 1983) 中可见一斑;*A Secret History of Our Desires* (Zed, London

1997) 就印度电影对印度和英国亚裔群体的影响进行了有趣的考察。Vinay Lal 的 *South Asian Cultural Studies* (Manohar, Delhi 1996) 为次大陆蒸蒸日上的文化研究产业勾勒了一张参考书目的版图。Robert Young 的 *White Mythologies* (Routledge, London 1990) 深入探讨了后殖民主义。由 Bill Ashcroft、Gareth Griffiths 和 Helen Tiffin 合编的 *The Post-Colonial Studies Reader* (Routledge, London 1995) 收录了重要人物的重要著述。如果还没读过 Edward Said 的 *Orientalism* (Routledge, London 1978), 就赶快入手一本吧！但同时也别忘了 Aijaz Ahmad 在 *In Theory* (Verso, London 1992) 中的深入批评，以及 Sara Suleri 的 *The Rhetoric of English India* (University of Chicago Press, 1992)。

要了解科学对观念、文化和经济的塑造，阅读 Sandra Harding 的文选集 *The Racial Economy of Science* (Indiana University Press, Bloomington 1993) 至关重要。Michael Adas 的 *Machines as the Measure of Men* (Cornell University Press, London 1989) 就"科学、技术和统治的意识形态"提出了深刻的洞见。Steve Fuller 在 *Science* (Open University, Milton Keynes 1997) 一书中呈现了火星人类学家眼中的科学。

由 Stanley Aronowitz、Barbara Martinsons 和 Michael Menser 合编的 *Techno-Science and Cyber-Culture* (Routledge, London 1996) 一书就技术文化研究进行了很好的概述。Ziauddin Sardar 和 Jerome Ravetz 在 *Cyberfutures* (Pluto Press, London 1996) 一书中对赛博未来的文化政治进行了简明易懂的介绍。但 Donna Haraway 的 *Simians, Cyborgs and Women* (Free Association Books, London 1991) 是无可替代的必读书目。

Henry Louis Gates, Jr. 的 *Figures in Black* (Oxford University Press, Oxford 1987) 质疑了将黑人文学视作社会现实主义的观念。他编辑的 *Black Literature and Literary Theory* (Routledge, London 1994) 一书在划定黑人批评界限方面做出了一些很有价值的尝试。两卷本的 *Beyond Eurocentrism and Multiculturalism* (Common Courage Press, Monroe, Maine 1993) 汇集了 Cornel West 的精华之作。bell hooks 最好的文章都收录在 *Yearnings: Race, Gender, and Cultural Politics* (South End Press, Boston, Mass. 1990) 一书中。

John Rajchman编辑的 *The identity in Question* (Routledge, London 1995) 一书开启了一场启人深思的探索，探讨错综复杂的自我问题。由 Ali Rattansi 和 Sallie Westwood 合编的选集 *Racism, Modernity and Identity* (Polity Press, Oxford 1994) 引人入胜。Eve Kosofsky Sedgwick 的 *Epistemology of the Closet* (Penguin, Harmondsworth 1990) 对酷儿理论做了里程碑式的介绍。Steven Seidman 编辑的 *Queer Theory / Sociology* (Blackwell, Oxford 1996) 收录了一些关于同性恋身份建构极具启发性的论文。

Avtar Brah 的 *Cartographies of Diaspora* (Routledge, London 1996)，Raymond Chow 的 *Writing Diaspora* (Indiana University Press, Bloomington 1993) 和 Paul Gilroy 的 *The Black Atlantic* (Verso, London 1993) 分别就西方的亚裔、华裔和黑人移民提出了精彩的见解。

Glenn Jordan 和 Chris Weedon 合著的 *Cultural Politics* (Blackwell, Oxford 1995) 一书就"阶级、性别、种族和后现代世界"做出了全面的论述。Janet Wolff 的 *Feminine Sentences* (Polity Press, Oxford 1990) 就女性和文化进行了深刻的讨论。

John Eldridge编辑的 *Getting the Message: News, Truth and Power* (Routledge, London 1993) 总结了格拉斯哥大学媒介研究小组（Glasgow University Media Group）数十年的研究。由 Manuel Alvarado 和 John Thompson 合编的 *The Media Reader* (BFI, London 1990) 一书提供了一场感性之旅，带读者了解电影及电视的快感及预期。

Malcolm Waters 的 *Globalisation* (Routledge, London 1995) 一书为全球化提供了相对可接受的解释。John Tomlinson 在 *Cultural Imperialism* (Pinter, London 1991) 一书中清晰明了地描述了文化帝国主义。Ziauddin Sardar 的 *Postmodernism and the Other* (Pluto, London 1997) 探讨了"西方文化中的新帝国主义"。Anwar Ibrahim 的 *The Asian Renaissance* (Times Books, Kuala Lumpur 1996) 提供了一种来自不同文化的视角。

索引

Africa and France 非洲和法国 67
Ahmad, Aijaz 阿吉兹·阿罕默德 76, 111, 112
Alatas, Syed Hussain 赛义杜·侯赛因·阿拉塔斯 108, 109
America 美国 60, 68
American cultural studies 美国文化研究 55-58
analysis see discursive analysis 分析，参见"话语分析"
Anglocentrism 英国中心主义 50
Althusser, Louis 路易·阿尔都塞 32
Araeen, Rasheed 拉希德·阿拉恩 123
art and culture 艺术和文学 25, 51
Asia and globalization 亚洲和全球化 165
see also South Asia 另参见"南亚"
Australian cultural studies 澳大利亚文化研究 61-63

Beurs 马格里布后裔 67
Bhabha, Homi 霍米·巴巴 116
black issues 黑人问题 125, 126-27, 128-130
　attack on feminism 对女权主义的抨击 139, 143
　black Atlantic 黑色大西洋 134
　colonialism 殖民主义 143
　diaspora 离散 133
Bourdieu, Pierre 皮埃尔·布尔迪厄 69-71
British cultural studies 英国文化研究
　and Australia 与澳大利亚 61, 63
　criticism of 批评 50-1
　Marxism 马克思主义 52-3
　migration 转移 54

capitalism and feminism 资本主义与女权主义 140
Canadian cultural studies 加拿大文化研究 59-60
class 阶级
　American cultural studies 美国文化研究 56
　struggle 斗争 35
　understanding 理解 29-30
　see also middle class; upper class; working class 另参见"中产阶级""上层阶级""工人阶级"
codes and signs 编码与符号 10, 19, 156
Communism 共产主义 57
　see also Marxism 另参见"马克思主义"
colonialism 殖民主义 83, 143
cultural 文化
　bias 偏见 24, 25, 50-1, 86-7, 159, 162
　capital 资本 70-1
　diversity 多样性 118
　domination see cultural bias 统治，参见"文化偏见"
cultural studies 文化研究
　American 美国 55-58
　British see British cultural studies 英国，参见"英国文化研究"
　Canadian 加拿大 59-60
　characteristics 特质 7
　definition 定义 1-3, 6
　as a dissenting movement 作为一场异见运动 169
　French 法国 64-71
　the future 未来 166-69
　history 历史 53
　how does it function? 如何运作？ 4-5
　ideological exercise 意识形态实践 53
　male bias 男性偏见 138
　origins 起源 22, 25

and science 与科学 88-97
South Asian 南亚 72-87
subject of 主题 4-6
culture 文化
and art 与艺术 25
Hall 霍尔 33-6
Hoggart 霍加特 25-6
and intellectualism 和智性主义 34
mass 大众 31
and television 和电视 51
Thompson 汤普森 29-32
types 类型 21
Williams 威廉斯 27-8
cyborgs 赛博格 102-3

diaspora 离散 131-3, 162
discursive analysis 话语分析 12
displacement see diaspora 错位，参见"离散"
Djait, Hichem 希沙姆·迪亚特 108, 109
Duchamp, Marcel 马塞尔·杜尚 18

English 英国人／英语
  heritage in India 在印度的持续 117, 119
  language, India 语言，印度 81
Enlightenment project 启蒙运动方案 57
ethnic considerations 人种思考 52, 55, 65-7
  see also race 另参见"种族"
Eurocentrism 欧洲中心主义 51, 57

feminism 女权主义 138-143
Feyerabend, Paul 保罗·费耶阿本德 93
film industry, Australia 电影行业，澳大利亚 62
France 法国
  Americanization 美国化 68
  Beurs 马格里布后裔 67
  decolonization 去殖民化 64
  ethnicity 种族性 65-6
  regionalization 区域化 65
French cultural studies 法国文化研究 64-71

Gandhi, Mahatma 甘地 80
Gates Jr., Henry Louis 小亨利·路易斯·盖茨 128
gay issues see homosexuality; lesbians and feminism 同性恋问题，参见"同性恋""女同性恋和女权主义"
Geertz, Clifford 克利福德·格尔茨 3
Gellner, Ernest 欧内斯特·盖尔纳 111
globalization 全球化 159-65

Hall, Stuart 斯图亚特·霍尔 22, 33-6, 138
Haraway, Donna 唐娜·哈拉维 102-3
Hoggart, Richard 理查德·霍加特 22, 25-6
homosexuality 同性恋 146-51
  see also lesbians and feminism 另参见"女同性恋和女权主义"
Hong Kong 香港 135
hooks, bell 贝尔·胡克斯 126

Ibrahim, Anwar 安瓦尔·易卜拉欣 165
identity 身份 66-8, 123, 124-6
imperialism 帝国主义 104
  see also colonialism 另参见"殖民主义"
Indian colonial history 印度殖民历史 77-81
  Englishmen left behind 留下来的英国人 117
  Spivak 斯皮瓦克 114-15
intellectualism and culture 智性主义与文化 34
Islam 伊斯兰 105

Jews in exile 流亡的犹太人 131

Kuhn, Thomas 托马斯·库恩 91-2

Lal, Vinay 维奈·莱尔 72
language 语言 9, 28, 81
Leavis, F.R. F. R. 利维斯 25
lesbians and feminism 女同性恋和女权主义 139
Lyotard, Jean-François 让-弗朗索瓦·利奥塔 57

markets, liberalization of 市场自由主义 160
Marxism 马克思主义 27, 32, 35, 52-3
  American cultural studies 美国文化研究 57
  Bhabha 巴巴 118
  and feminism 与女权主义 140
  South Asia 南亚 79
Mead, Margaret 玛格丽特·米德 3
media 媒介
  representation 表征 152-59
  studies 研究 55
middle classes and culture 中产阶级与文化 24
multi-culturalism 多元文化主义 121
Muzaffar, Chandra 钱德拉·穆扎法 164

Nandy, Ashis 阿希斯·南迪 82-7

Oriental, stereotype 东方, 刻板印象 84
Orientalism 东方学 104-13
Others 他者 11-12
  France 法国 68

parochialism in British culture 英国文化中的本位主义 50
politics 政治 7, 54, 56
Popper, Karl 卡尔·波普尔 90, 93
popular mass culture 流行大众文化 26, 31
post-colonial discourse 后殖民话语 113
postmodernism 后现代主义 57, 58

post-structuralism 后结构主义 8
power relationships, exposing 权力关系, 揭示 7
"profit in legitimacy" "合法性的利益" 71

queer theory 酷儿理论 144-5, 150-1

race 种族 35, 120
see also black issues 另参见"黑人问题"
racialization 种族主义化 123
Rattansi, Ali 阿里·拉坦西 123
religion and class 宗教与阶级 30, 35

Said, Edward 爱德华·萨义德 104-12
Saussure, Ferdinand de 弗迪南·德·索绪尔 9
science and cultural studies 科学和文化研究 88-97
self image 自我形象 85
semiotics 符号学 8-9
sex and gende 性与性别 138
signified/signifier 所指/能指 8
signs 符号 8-9
  example 例子 12-20
  meaning *see* representation 意义, 参见"表征"
Sokal, Alan 艾伦·索卡尔 96
South Asia 南亚
  cultural studies 文化研究 72-87
  Marxism 马克思主义 79
Spivak, Gayatri Chakravorty 佳亚特里·查克拉沃蒂·斯皮瓦克 114
Structuralism 结构主义 8, 32
Subaltern Studies Collective 属下研究小组 77-79
Suleri, Sara 萨拉·苏莱里 119

technoculture theory 技术文化理论 98-101

Teen Murti 尼赫鲁纪念博物馆和图书馆 76
television 电视 51, 154
Thatcher government 撒切尔时期 54
Thompson, E.P. E. P. 汤普森 22, 29-32
Tibawi, Abdul Lafit 阿卜杜勒·拉菲特·蒂巴维 108, 109
Tylor, E.B. E. B. 泰勒 2

upper classes and culture 上层阶级和文化 24

Vienna Circle 维也纳学派 90

Weber, Max 马克斯·韦伯 144

West, Cornel 康奈尔·韦斯特 124
Western 西方
　culture bias 文化偏见 50-1, 86-7, 159, 162
　hybridization 杂糅化 163
　Other 他者 11
Williams, Raymond 雷蒙·威廉斯 3, 22, 27-28
women and gender 女人和性别 136-43
working class 工人阶级 23
　Bourdieu 布尔迪厄 69
　Hoggart 霍加特 25-6
　Thompson 汤普森 30

作者简介

齐亚丁·萨达尔（Ziauddin Sardar）未被要求效力于巴基斯坦板球队。因此，他为成为一名"有机知识分子"而努力，当上了作家、广播员和文化批评家。他写了《穆罕默德概要》(Introducing Muhammad)、《混沌与数学》(Chaos and Mathematics)、《后现代主义及其他》(Postmodernism and the Other)和许多其他著作。作为一名科学和技术政策教授，他有时会访问米德尔塞克斯大学（Middlesex University）。

波林·凡·路恩（Borin Van Loon）似乎在艺术、哲学和经济决定论这些不同的领域游刃有余，令人注目。他最近执导了他的首部长片：《橡皮头 II——铅笔的复仇》("Eraserhead II—Revenge Of The Pencil")。他在洛杉矶、曼谷和萨克斯曼德姆这几座城市间奔波，并有一些极其振奋人心的项目正在进行中。在开始制作新的"戒指"("The Ring")系列之前，他目前正在他的乡村庄园里完成他的小说。他的想象生活内容丰富且细致入微。

图画通识丛书

第一辑

伦理学
心理学
逻辑学
美学
资本主义
浪漫主义
启蒙运动
柏拉图
亚里士多德
莎士比亚

第二辑

语言学
经济学
经验主义
意识
时间
笛卡尔
康德
黑格尔
凯恩斯
乔姆斯基

第三辑

科学哲学
文学批评
博弈论
存在主义
卢梭
瓦格纳
尼采
罗素
海德格尔
列维-斯特劳斯

第四辑

人类学
欧陆哲学
现代主义
牛顿
维特根斯坦
本雅明
萨特
福柯
德里达
霍金